T0113577

La Joie de la Souffrance

La Joie de la Souffrance

*"Dieu a placé le plaisir si près de la douleur
qu'il vous arrive de pleurer de joie"*

Silvia Márquez de García

To order additional copies of this book, contact:
Palibrio
1663 Liberty Drive, Suite 200
Bloomington, IN 47403
Toll Free from the U.S.A 877.407.5847
Toll Free from Mexico 01.800.288.2243
Toll Free from Spain 900.866.949
From other International locations +1.812.671.9757
Fax: 01.812.355.1576
orders@palibrio.com
848226

CONTENTS

Dédicace vii

Remerciements xi

1. INTRODUCTION' 1
   LA TRISTESSE ENGENDRE LA SOUFFRANCE 2

2. COMMENT LA SOUFFRANCE AFFECTE 6
   LES ÊTRES HUMAINS 6
   L'HISTOIRE DU FILS PRODIGUE 8

3. LA PEUR DE SOUFFRIR 10

4. LA JOIE DANS LA BIBLE 17

5. TÉMOIGNAGE DE VIE PERSONNEL 28
   MON ENFANCE 29
   ÉCÈS INATTENDU DANS MA FAMILLE 33
       PREMIÈRE DOULEUR 33
   MES ÉTUDES 39
   LA LUMIÈRE, ARDEMMENT RECHERCHÉE,
   EST ARRIVÉE DANS MA VIE. 44
   MON DIPLÔME 46
   LA FAVEUR DE DIEU 47
   LE MARIAGE 49
   MASQUES 51
   LA MALADIE 52
   RÉCONCILIATION 55
   NÉGLIGENCE 62
   LICENCIEMENTS 71
   INVITATION AU FGBMFI 76

MIRACLES 78

LA JOIE AU MILIEU DU REJET 80

6. LA JOIE D'ÊTRE LIBRE 91

7. LA JOIE D'ACCEPTER UNE FILLE À BESOINS
SPÉCIAUX 100

8. LA JOIE DE POUVOIR AIDER 109

9. LA JOIE AVANT LA MORT 117

MON PÈRE 117

ALZHEIMER 126

10. LA JOIE NE DÉPEND PAS DE VOTRE BEAUTÉ
PHYSIQUE 131

11. PRENDRE DES RÔLES QUI NE SONT PAS LES
NÔTRES 138

12. LA JOIE DE SATISFAIRE DANS L'INTIMITÉ EN
TANT QU'ÉPOUSE 147

13. LA JOIE DANS LE SERVICE DE DIEU 153

Dédicace

Je dédie ce livre à toutes les personnes qui, tout au long de ma vie, ont contribué à me rendre heureuse. Et aussi à ceux qui m'ont soutenue dans les moments les plus difficiles de douleur et de souffrance.

A mes parents, Ramón et Emilia

Qui m'ont donné la vie et m'ont aimé en essayant de me donner le meilleur selon leurs ressources.

A mes grands-parents, Simon et Juanita

Qui ont fait une très grande partie de ma joie dans mon enfance, et dont je garde d'agréables souvenirs pour leur grand amour et leur protection.

A mon oncle et ma tante, Baudelio et Carmen

Pour leur amour et leur gentillesse, pour avoir été si gentils avec moi, pour avoir énormément aidé mes frères, pour les avoir soutenus afin qu'ils puissent continuer aux Etats-Unis, ainsi je les aime et les honore.

A ma cousine Consuelo

La seule qui s'est souvenue de nous lorsque nous étions si dévastés par le décès de notre mère dans notre enfance, nous montrant son amour et sa sollicitude, sacrifiant son Noël, quittant sa famille pour se consacrer à nous et préparant un délicieux dîner.

À mes frères et sœurs

Qui ont été la force motrice de mon existence et la raison de me surpasser dans la vie, très spécialement à Juanita, Norma, Mary et Nora, qui m'ont donné leur soutien inconditionnel à chaque moment jusqu'à ce jour.

À mon oncle Melchor et ma tante Enriqueta

Pour leur amour et leur dévouement en prenant soin de ma petite sœur, la plus jeune, Aidé Magdalena.

A ma fille Sam

Une source d'inspiration de Dieu pour transformer ma vie et m'apprendre à aimer.

A ma belle-mère Amparito

Qui m'a manifesté son amour et son soutien dans de nombreux domaines et qui a toujours été là quand j'avais le plus besoin d'elle. Elle était plus une mère qu'une belle-mère.

À ma belle-sœur Lily

Pour son amour et son soutien dans les moments les plus difficiles de notre mariage.

A mes grandes amies

Chany et Juanita qui m'ont offert leur épaule pour pleurer quand j'étais la plus triste et la plus déprimée pendant ma jeunesse.

A mes enfants Abraham et Pamela

Pour leur amour et leur soutien. Je ne peux pas les récompenser pour leur soutien et pour avoir pris soin de ma fille Sam pendant les périodes où nous étions absents.

À mon mari Mario

Pour m'avoir aimée quand j'en avais le plus besoin ; pour les peines et les joies que nous avons vécues et surmontées ensemble ; pour avoir pardonné les erreurs et vécu une nouvelle vie remplie de l'amour de Dieu.

Remerciements

Tout d'abord, je remercie Dieu de m'avoir donné la sagesse d'écrire ce livre et de m'avoir façonné pour Ses desseins.

Je remercie mon amie Laura, qui, il y a de nombreuses années, a écouté mes expériences de vie et m'a encouragé à écrire un livre.

Je remercie la jeune femme Ma. José Rivera (Guatemala), qui a été un instrument de Dieu pour me donner la confirmation que je devais écrire ce livre, recevant une révélation sur la façon dont il allait être utile pour des multitudes de femmes.

Je remercie également le jeune homme Oscar Márquez qui m'a motivée à le préparer et à l'éditer en plus d'enregistrer la chanson avec excellence, me faisant rêver en grand.

Je remercie mon fils Abraham qui a cru que sa mère peut réaliser ses rêves, et que je dois être un exemple pour lui pour réaliser ses rêves, avec la Grâce et la faveur de Dieu.

«J'honore les jeunes qui sont sages,
l'avenir d'un monde bouleversé».

INTRODUCTION'

«Nous pouvons aussi nous réjouir lorsque nous rencontrons des problèmes et des épreuves, car nous savons qu'ils nous aident à développer notre endurance. Et l'endurance développe la force de caractère, et le caractère renforce notre espoir confiant du salut. Et cette espérance ne conduira pas à la déception.

Car nous savons combien Dieu nous aime, puisqu'il nous a donné le Saint-Esprit pour remplir nos cœurs de son amour».
(Romains 5, 3-5, traduction de la Nouvelle Vie)

Signification de la joie

Le mot joie (alegría en espagnol) vient du latin alicer ou alecris, qui signifie «vivant et animé». C'est l'une des émotions fondamentales avec la tristesse et la surprise. C'est un état intérieur, frais et lumineux, générateur de bien-être général, de hauts niveaux d'énergie et de disposition puissante.

La joie est une émotion, une action constructive, qui peut être perçue par toute personne, étant celle qui la ressent, se révèle dans son apparence, son langage, ses décisions et ses actes. La tristesse est l'émotion opposée à la joie.

Elle peut également être définie comme l'état d'esprit le plus confortable que l'on puisse connaître. La tristesse est un facteur important car sans elle, on ne peut pas ressentir de joie.

Dictionnaire Wikipedia

LA TRISTESSE ENGENDRE LA SOUFFRANCE

Sens du mot «souffrance

1. Ressentir intensément une douleur physique ou morale ou vivre une situation désagréable ou douloureuse, être affligé.
2. Supporter avec patience, une douleur ou une résignation, quelque chose qui n'est pas agréable. Supporter, endurer.
3. Tenir ou résister à un poids, les principaux murs subissent la charge de forge.

4. Subir un changement, une action ou un phénomène déterminé, surtout s'il est négatif : la grève a subi une hausse spectaculaire ce mois-ci.

Diccionario Manual de Lengua Española Vox ©2007. Larousse Editorial, S. L.

«Ta joie, c'est ta douleur démasquée et issue du même courant que ton rire. Il a souvent été rempli de tes larmes. Plus les chagrins se creusent en toi, plus tu peux porter de joie dans ton cœur. Elles sont inséparables. L'un s'assied seul avec toi pour manger, l'autre s'endort sur ton lit». Anonyme

La joie est le résultat de la souffrance.

La douleur n'est pas une expérience inutile, car elle révèle de manière plus nette qui je suis.

Personne n'est préparé à souffrir. Si nous pouvions l'éviter, nous le ferions. Nous devons être des personnes courageuses et y faire face. Essayer de fuir n'apportera que plus de souffrance.

La douleur et la souffrance, une expérience universelle.

Personne n'est à l'abri de la souffrance sous diverses formes.

Si vous perdez la joie de vivre,

vous perdrez votre paix intérieure.

LA PAIX INTÉRIEURE A PLUS DE VALEUR QUE L'OR, L'ARGENT ET LES PIERRES PRÉCIEUSES OU LES BIENS MATÉRIELS.

IL Y A DES GENS SI PAUVRES, SI PAUVRES QUE LA SEULE CHOSE QU'ILS POSSÈDENT, C'EST L'ARGENT...

L'argent peut payer un médecin,

mais pas la santé.

Il peut acheter une maison,

mais pas un foyer.

Il peut acheter du sexe,

mais pas l'amour.

LE MONDE EST DEVENU UN MONDE MATÉRIEL ET N'A PAS COMPRIS QUE LES CHOSES LES PLUS PRÉCIEUSES NE S'ACHÈTENT PAS AVEC DE L'ARGENT :

- *LA VIE*
- *ÊTRE UNE MÈRE*

- *UNE FAMILLE (des parents, un mari, des enfants)*
- *DES AMIS*
- *UN SOURIRE*
- *UN CÂLIN,*
- *ETC.*

COMMENT LA
SOUFFRANCE AFFECTE

LES ÊTRES HUMAINS

La douleur est une expérience par laquelle chaque être humain doit passer. Que nous le voulions ou non, les douleurs sont inévitables. Il y a des douleurs qui, une fois arrivées, peuvent être atténuées ou éliminées en essayant de modifier les causes qui les ont provoquées. Mais il y a des douleurs inévitables.

L'histoire d'un roi... qui se pose une question :

«Que vais-je faire pour faire face à un problème grave ?». Un sage dessine une ligne verticale sur un tableau en disant ? Comment rendre cette ligne plus courte sans l'effacer ?

1. Un problème grave peut être rendu plus petit si on parvient à s'en éloigner.
2. Si nous grandissons en tant que personnes, nous parvenons à voir le problème plus petit».

La racine grecque du mot «problème» signifie :

«CHOSES MISES EN AVANT»

La plupart des gens dans le monde sont des rêveurs, ils aspirent au succès ; dans la tentative, les échecs arrivent. Ils sont inévitables et affectent votre cœur, en bien ou en mal.

Ceux qui mûrissent et apprennent de leurs échecs, se relèvent avec de nouvelles forces et de nouveaux espoirs. Cependant, il y a des personnes qui agissent négativement, se transformant en personnes frustrées, avec un cœur dur, des sentiments d'infériorité, des dépressions, un complexe de culpabilité et des sentiments affectifs tels que la haine, les ressentiments et le manque de pardon. Tout ce qui précède les conduit à des maladies psychosomatiques (elles ne sont que dans leur esprit).

La Bible nous enseigne :

«Et nous savons que Dieu fait concourir toutes choses au bien de ceux qui aiment Dieu et qui sont appelés selon le dessein qu'Il a formé pour eux».

(Romains 8:28)

Toutes les choses négatives qui arrivent dans nos vies devraient nous encourager à mûrir et à devenir de meilleures personnes.

Cette histoire nous donne un excellent exemple de la façon dont il faut apprendre de ses erreurs dans la vie.

L'HISTOIRE DU FILS PRODIGUE

Le plus jeune fils demande à son père sa part d'héritage pensant que cela lui apporterait satisfaction et bonheur. Et que s'est-il passé ? Cela ne lui apporta que difficultés et humiliations, gaspillant tout dans le plaisir jusqu'à ce que sa fortune soit épuisée. Pour pouvoir survivre, il dut travailler à nourrir les cochons et manger la même chose que les cochons. Quand il a fini par retrouver la raison, il s'est dit :

«Dans la maison de mon père, même le serviteur a de quoi manger, et moi, je meurs de faim ! Je vais retourner chez moi et lui dire :

Père, pardonne-moi parce que j'ai péché contre le ciel et contre toi. Je ne suis plus digne d'être appelé ton fils, je te prie de m'engager comme serviteur».

Tout cela pour pouvoir comprendre

où se trouve vraiment le bonheur.

MALHEUREUSEMENT, IL EXISTE DANS LA VIE DES DÉSÉQUILIBRES TELS QUE LA FIERTÉ ET L'ORGUEIL.

DIEU, DANS SON IMMENSE SAGESSE, SAIT COMMENT TRAITER CHAQUE PERSONNE POUR REDRESSER SON TORT.

3

LA PEUR DE SOUFFRIR

**«Celui qui a peur de souffrir,
souffre déjà de la peur».**

Proverbe Chinois

Effrayer, peur, horreur

Ce genre de sentiment est lié à l'anxiété. La peur de souffrir est dure. Elle vous rend préoccupé en permanence.

La préoccupation, comme son nom l'indique, consiste à s'occuper à l'avance de quelque chose qui ne s'est pas encore produit, et qui ne se produira peut-être jamais. Certaines peurs sont développées depuis l'enfance, l'adolescence ou la jeunesse. Elles sont liées à des souvenirs traumatiques et se révèlent à l'âge adulte.

«La peur est naturelle chez une personne prudente, et être capable de la vaincre, c'est être courageux».

Alonso de Ercilla y Zúñiga

Peut-on supposer que certaines personnes souffrent moins que d'autres ?

SONDAGE

1. Une personne a affirmé que toute sa vie a été si tranquille qu'elle n'a jamais connu de douleur ou de souffrance intense.
2. Une autre personne a répondu qu'elle n'a jamais pu être heureuse ; il y a toujours eu des tragédies dans sa vie.
3. Un autre a dit que c'est une question d'approche.
4. Un autre a dit que c'est une question de caractère, d'être fort ou faible pour supporter, etc.

Il y a plusieurs peurs chez les humains :

La peur d'être malade, la peur de se marier, la peur de ne pas avoir d'enfants, la peur d'accoucher, la peur que quelque chose arrive à ses enfants, la peur de ne pas trouver de travail, la peur des animaux, la peur de la police, la peur du mari, la peur de ses parents, la peur de ses patrons, etc.

L'une des peurs les plus courantes chez les humains en ces derniers temps, surtout en raison de l'insécurité que nous vivons, est la suivante :

LA PEUR DE MOURIR

La peur devant la mort n'est pas véritablement la peur d'être mort, mais la peur de passer par la souffrance pour mourir ; surtout quand on est kidnappé, torturé, ou devant une mort lente due à une maladie.

Une autre peur est de savoir où l'on va après la mort.

Jésus a ressenti la peur, l'horreur et l'anxiété

Quand il est monté sur le Mont des Oliviers pour prier, rien qu'en pensant à ce qu'il allait subir : trahison, haine, mépris, abandon, humiliation, violence psychologique et physique, douleur jusqu'à la mort sur la croix. Il a ressenti l'agonie et a dit à son Père :

« Père, si tu le veux, épargne-moi cette coupe de souffrance ; que ce ne soit pas ma volonté, mais la tienne qui se fasse «. Alors, un ange du ciel apparut et le fortifia. Il priait avec plus d'ardeur, et il était dans une telle angoisse que sa sueur ressemblait à des gouttes de sang tombant à terre». (Luc 22:42-44)

Les Évangiles nous disent que Jésus s'est mis à transpirer des gouttes de sang lorsqu'il priait sur le mont des Oliviers, plus précisément dans le jardin de Gethsémani. Il s'agit d'une condition médicale appelée hémathidrose.

Ce n'est pas très fréquent, mais cela peut se produire lorsqu'il y a une grande souffrance psychologique. Une forte anxiété provoque une excrétion de substances chimiques qui brisent les veines capillaires des glandes sudoripares.

Cela nous apprend qu'en tant qu'êtres humains, la peur et l'angoisse sont un problème sérieux, et le meilleur conseil est d'être pris dans la main de Dieu pour supporter les souffrances.

LA CRAINTE DE DIEU

Pour un non-croyant, la crainte de Dieu est de subir un jugement de Dieu et la mort éternelle, qui est la séparation éternelle d'avec Dieu. (Luc 12:5, Hébreux 10:31).

Pour un croyant, la crainte de Dieu est quelque chose de différent. La crainte de Dieu, pour un croyant, c'est **adorer Dieu**.

«Nous héritons d'un royaume inébranlable ; soyons reconnaissants et faisons plaisir à Dieu en l'adorant avec une sainte crainte et une sainte admiration». (Hébreux 12:28)

Cette adoration et cette crainte sont exactement ce que signifie la crainte de Dieu pour chaque chrétien.

LE PSAUME 112 DONNE DE L'ASSURANCE À CEUX QUI ONT LA CRAINTE

«Heureux l'homme qui craint l'Éternel,
Qui trouve un grand plaisir à obéir à ses commandements.
Sa postérité sera puissante sur la terre entière
Et toute une génération d'hommes droits sera bénie.
Ils seront eux-mêmes riches
Et leurs bonnes actions dureront toujours.
La lumière brille dans les ténèbres pour les pieux.
Ceux qui sont généreux, compatissants et justes
Le bien vient à ceux qui prêtent généreusement de l'argent
et font des affaires honnêtes,
De telles personnes ne seront pas vaincues par le mal.
On se souviendra toujours des justes.
Ils ne craignent pas les mauvaises nouvelles pour s'occuper d'eux
Ils font confiance au Seigneur avec assurance
Ils sont confiants et sans crainte
Et ils peuvent affronter leurs ennemis triomphalement
Ils partagent librement et donnent généreusement à ceux qui sont dans le besoin».

CONNAISSEZ-VOUS LA JOIE DE SOUFFRIR ?

JÉSUS NOUS LAISSE UN GRAND ENSEIGNEMENT.

Que faut-il faire pour être disciple ?

Si l'un d'entre vous veut être mon disciple, il doit se détourner de sa manière égoïste de vivre, porter sa croix et me suivre. Si vous essayez de vous accrocher à votre propre vie, vous la perdrez, mais si vous donnez votre vie pour moi et pour l'Évangile, vous la sauverez.

En effet, à quoi sert à un homme de gagner le monde entier et de perdre son âme ? Et que donnera-t-il en échange de son âme ?

(Matthieu 16:24-26)

«TON ÂME VAUT MIEUX QUE TOUT CE QUE LE MONDE ET SES PLAISIRS PEUVENT OFFRIR»

EST-CE À DIRE DE PRENDRE TOUTE VOTRE JOIE, VOTRE ARGENT ET VOS BIENS ?

NON ! !! CELA SIGNIFIE QUE VOUS ASSUMIEZ TOUS VOS PROBLÈMES ÉMOTIONNELS, FAMILIAUX, PHYSIQUES ET ÉCONOMIQUES.

Appelez cela maladie, endettement, manque de travail, manque de pardon, chagrins, amertume, haine, ressentiments, orgueils, etc.

LA CROIX EST SYNONYME DE SOUFFRANCE.

TA VIE VAUT MIEUX QUE TOUT L'ARGENT DU MONDE, LES VOYAGES, UNE MAISON, UNE VOITURE, DES BIJOUX...

VAUT MIEUX QUE TON MARI

VAUT MIEUX QUE TES ENFANTS

VAUT MIEUX QUE TOI-MÊME

TOUT CELA REPRÉSENTE D'AUTRES DIEUX ET DIEU EST UN DIEU JALOUX.

« Tu n'auras pas d'autres dieux devant ma face. Tu ne te feras point d'image taillée, ni de représentation quelconque des choses qui sont en haut dans les cieux, qui sont en bas sur la terre, et qui sont dans les eaux plus bas que la terre.

Tu ne te prosterneras point devant elles, et tu ne les serviras point; car moi, l'Éternel, ton Dieu, je suis un Dieu jaloux ...

(Exode 20:3-6)

4

LA JOIE DANS LA BIBLE

La joie est l'un des principaux thèmes des Écritures. On la retrouve cent fois dans l'Ancien et le Nouveau Testament.

DIEU VEUT DONNER DE LA JOIE À SA CRÉATION, LUI DONNER DU SUCCÈS ET DE LA CROISSANCE. IL VEUT QU'ELLE SOIT REMPLIE DE SUCCÈS ET DE PLÉNITUDE.

La joie traduit chez l'homme sa conscience d'une réalisation affectueuse et d'un espoir à venir.

Le monde d'aujourd'hui ne connaît guère cette joie qui implique une profonde unification avec Dieu. La plupart des hommes recherchent une joie qui n'existe pas et perdent leurs priorités. Ils ne cherchent que leurs rêves et leurs plaisirs. Ils adoptent une vie quotidienne sans aucun sens.

La plupart du temps, l'homme est déstabilisé dans un domaine concret de sa vie tel que :

LA SANTÉ

LES FINANCES

LA FAMILLE

ET SURTOUT, LE PLUS IMPORTANT :

SON DOMAINE SPIRITUEL

Peu d'entre eux parviennent à rassembler les multiples ficelles de leur existence.

Certains personnages définissent ce qu'est la JOIE pour eux.

Heller Keller : «La joie est une émotion que l'on atteint par la loyauté envers un objectif valable».

Og Mandino : «La vraie joie est en vous, ne perdez pas de temps à chercher la joie à l'extérieur de vous».

Rappelez-vous qu'il n'y a pas de joie à posséder ou à obtenir quelque chose, mais à donner.

NOUS DEVONS DONNER AVEC JOIE :

Donner un peu de tout ce que nous avons reçu.

«Vous devez chacun décider dans votre cœur combien donner, et ne pas donner à contrecœur ou sous pression. Car Dieu aime celui qui donne avec joie. (2 Corinthiens 9:7)

La joie est importante car elle nous rend plus positifs, plus créatifs et peut nous aider à atteindre nos objectifs.

Pour rendre les autres heureux, nous devons d'abord être heureux. «Aimons notre prochain comme nous-mêmes».

Notre voisin c'est notre famille. Il n'est pas seulement important de rendre heureux notre mari, nos enfants, nos parents, nos frères, etc. Mais nous devons transmettre la joie à tous nos proches, et transformer le mode de vie de notre société.

LA JOIE, UN MÉDICAMENT CONTRE LES MALADIES

La joie est d'une importance capitale parce qu'elle provoque des choses positives qui peuvent changer notre vie, notre corps en produisant des substances chimiques qui aident notre système immunitaire ; donc...

La joie est importante pour notre état de santé général.

Il existe des thérapies qui aident notre santé.

La thérapie par le rire a aidé de nombreuses personnes à guérir de maladies telles que le cancer et le SIDA. (film Patch Adams)

PARTAGEZ LA BONNE NOUVELLE :

UN MESSAGE DE JOIE

Un message que nous devons transmettre au monde en proie à des contradictions, considéré comme absurde par certaines personnes.

L'avenir de l'humanité se construira à travers des difficultés et des contradictions apparentes dans un monde non absurde.

❖ PARCE QUE DIEU A CRÉÉ ET AIMÉ CE MONDE.
❖ NOTRE JOIE EST EXTRAORDINAIREMENT RÉALISTE ET EXPRIME SA CERTITUDE DANS LA VICTOIRE DE JÉSUS **CHRIST!** ET DANS LA CRÉATION TOUTE ENTIÈRE.

LA QUESTION DE LA DOULEUR ET DE LA SOUFFRANCE CHEZ CEUX QUI SERVENT DIEU.

Attitudes de ceux qui servent face à la douleur

- ✓ Nous devons nous attendre à Lui, Dieu
- ✓ Nous devons être patients
- ✓ Nous devons accepter de la supporter
- ✓ Nous devons nous réjouir en Lui.
- ✓ Ne nous décourageons pas
- ✓ Ne nous démoralisons pas.
- ✓ Ne nous plaignons pas.

POURQUOI DIEU PERMET-IL LA DOULEUR ?

- ✓ Pour punir les péchés
- ✓ Pour nous guider
- ✓ Pour nous apprendre sa volonté
- ✓ Pour nous apprendre la patience
- ✓ Pour nous rendre humble
- ✓ Pour nous discipliner avec amour
- ✓ Pour nous pousser à nous repentir
- ✓ Pour nous faire dépendre de sa grâce
- ✓ Pour nous purifier
- ✓ Pour manifester Sa puissance
- ✓ Pour anticiper la Bonne Nouvelle.

COMMENT DIEU EST-IL LIÉ À LA DOULEUR ?

- ✓ Il est au contrôle
- ✓ Il fait triompher le bien sur le mal
- ✓ Il est un abri pour ceux qui croient
- ✓ Il marche avec nous au milieu de la douleur.
- ✓ Il nous réconforte.

✓ Il mettra fin à la douleur lors du retour de Jésus-Christ

COMMENT LES CROYANTS DOIVENT-ILS ENTRETENIR DES RELATIONS AVEC CEUX QUI SOUFFRENT DE LA DOULEUR ?

✓ Vous devez prier pour eux
✓ Vous devez les réconforter
✓ Vous devez partager leurs fardeaux
✓ Vous devez les encourager
✓ Vous devez les aider

OCCASIONS DE DOULEUR HUMAINE

✓ Décès d'un être cher
✓ Maladie
✓ Stérilité
✓ Maltraitance physique, psychologique et sexuelle
✓ Abandon
✓ Vices
✓ Les enfants qui choisissent la voie de la folie
✓ Être punis par le péché
✓ Souffrir pour les erreurs des autres, etc.

QUELQUES PERSONNAGES QUI ONT CONNU LA SOUFFRANCE DANS LE PASSÉ SELON LA BIBLE

1. **Étienne :** Étienne était l'un des sept diacres, un élu.

Tout le monde a aimé l'idée et a choisi Etienne (un homme rempli de foi et de l'Esprit Saint).

Étienne, un homme rempli de la grâce et de la puissance de Dieu, accomplissait des signes et des miracles étonnants parmi les gens. Un jour, des hommes de la synagogue des esclaves libérés - on l'appelait ainsi - ont commencé à débattre avec lui. Aucun d'entre eux ne pouvait faire face à sa sagesse et au Saint-Esprit dont il parlait.

Alors, ils ont persuadé quelques hommes de raconter des mensonges sur Etienne. Ils déclarèrent : «Nous l'avons entendu blasphémer sur Moïse». Cela mit en émoi le peuple, les anciens et les enseignants de la loi religieuse. Par conséquent, Étienne fut arrêté et amené devant le Conseil suprême.

A ce moment-là, tous les membres du Conseil Suprême ont fixé leurs yeux sur Etienne car son visage s'est mis à briller comme celui d'un ange.

Étienne disait qu'il contemplait la gloire de Dieu et que JÉSUS était assis à Sa droite, mais ils ne l'écoutaient pas. Ils se bouchèrent les oreilles et se mirent à crier contre lui. Étienne, tombant à genoux, s'écria d'une voix forte: «SEIGNEUR, NE LES CHARGE PAS DE LEURS PÉCHÉS». Après avoir dit ces mots, il s'endormit. (Actes 6:5-15)

2. **Job**. Cette histoire présente la douleur d'un homme bon qui perd toutes ses richesses, la mort de ses proches et la maladie sur son propre corps sans savoir exactement pourquoi. Dieu permet à Satan de le toucher pour éprouver sa loyauté.

«Il y avait un homme nommé Job qui vivait dans le pays d'Uz. Il était irréprochable, un homme d'une intégrité absolue qui craignait Dieu et se tenait éloigné du mal». (Job 2:3-10)

Sa foi ayant été mise à l'épreuve, le Seigneur a AUGMENTÉ AU DOUBLE les biens qu'il avait auparavant, et il a eu sept fils et trois très belles filles.

3. **Daniel** était un homme doué d'un don particulier. Il était capable «d'interpréter les rêves», de recevoir «les visions de Dieu». Il a servi par ses compétences plusieurs rois de Babylone. Il avait une vie personnelle très disciplinée et un «comportement irréprochable» qui servait de modèle à tous ceux qui l'entouraient.

Il a prouvé sa «fidélité à Dieu» en n'adorant pas d'autres dieux. Il a été incriminé de manière trompeuse pour avoir adoré Dieu. Il a été placé dans la fosse aux lions et Dieu lui a sauvé la vie.

Il a été placé par le roi dans des lieux privilégiés. L'exemple de Daniel prouve que nous devons nous opposer à tout ce qui va à l'encontre de la volonté de Dieu. (Daniel 6:1-28)

4. **L'apôtre Paul**. Un témoignage de joie constante. Il insiste sur sa propre vie à travers les difficultés et les obstacles, mais juste pour démontrer :

Que le chemin pour lui n'a été qu'une source de joie.

«Pour m'empêcher de m'enorgueillir de ces sublimes révélations, on me donna une épine sur le corps ; autrement dit, un messager de Satan pour me tourmenter. Par trois fois, j'ai supplié le Seigneur de me l'enlever, mais il m'a dit : «Ma grâce te suffit, car ma puissance agit mieux dans ma faiblesse». C'est pourquoi je suis heureux de me vanter de mes faiblesses, afin que le Seigneur puisse les corriger et que la puissance de Dieu puisse agir à travers moi».

«Ainsi, je me réjouis de mes faiblesses, des insultes, des épreuves, des persécutions et des difficultés que je subis pour le Christ. Car quand je suis faible, je suis fort». (2 Cor. 12:7-10)

La joie est la souffrance qui peut atteindre le martyre. Elle est le signe d'excellence de l'authenticité, nous lisons aussi :

«Vous, peuples, réjouissez-vous avec le peuple de Dieu». (Rom. 15:10)

Tout cela nous amène à poser cette question :

POURQUOI DE MAUVAISES CHOSES ARRIVENT-ELLES AUX HOMMES DE BIEN ?

Comme on nous l'a enseigné, ceux qui font le bien, les choses vont toujours bien avec eux ; et au contraire, ceux qui font le mal, les choses vont toujours mal avec eux.

DIEU AGIT TOUJOURS DE MANIÈRE INATTENDUE, ET À LA FIN, NOUS COMPRENONS QU'IL AGIT TOUJOURS POUR NOTRE BIEN.

Il donne le succès aux hommes justes.

Il est le bouclier de ceux qui marchent dans l'intégrité.

Il garde les sentiers des justes,

Mais les méchants seront retirés

Du pays, et les perfides seront déracinés. (Proverbes. 2:7-8. 22)

NOUS DEVONS SAVOIR QUE DIEU CHANGERA TOUTE NOTRE TRISTESSE EN JOIE, ET QU'IL ESSUIERA TOUTE LARME VERSÉE.

«Il essuiera toute larme de leurs yeux, et il n'y aura plus ni mort, ni tristesse, ni cri, ni douleur. Toutes

ces choses ont disparu pour toujours. " (Apocalypse
21:4)

**J'AI ÉTÉ REMPLI DE JOIE DANS LE SEIGNEUR
MON DIEU !** Car il m'a revêtu d'un vêtement de
salut, et m'a drapé d'une robe de justice. Je suis
comme un fiancé habillé pour sa toilette ou une
fiancée avec ses bijoux. (Isaïe 61:3)

5

TÉMOIGNAGE DE VIE
PERSONNEL

« LA JOIE ET LA SOUFFRANCE «

Dans ma vie, j'ai expérimenté «le chemin de croix de Jésus». Ses étapes de souffrance et la joie de la Résurrection. Je pense que pour ceux qui ont confiance en Lui et en ses préceptes, la vie est semblable à ce qu'il a vécu. Pas comme cela pour ceux qui souffrent sans connaître le Christ» ; le sentiment est si fort avec des souhaits de ne pas exister. Certains, au milieu de leur faiblesse, atteignent leur but en se suicidant. Ceux qui, comme nous, endurent le chemin dans les mauvais jours, rendent possible la réalisation de ses promesses,

«Si nous souffrons patiemment avec lui, nous régnerons aussi avec lui».

(2 Timothée 2:12)

MON ENFANCE

J'ai eu le bonheur de naître dans un foyer heureux, il y a 63 ans, dans une petite ville du nord du Tamaulipas, près de la frontière des États-Unis, appelée Río Bravo en l'honneur du fleuve que beaucoup de gens ont traversé pour poursuivre leur «rêve américain», et où beaucoup n'ont jamais réussi. Une région totalement agricole, un morceau de Dieu sur terre puisqu'elle n'apparaît même pas sur une carte. Je suis le deuxième enfant d'une famille de neuf frères et sœurs. Mes parents s'appelaient Ramón Márquez Dávalos et Emilia Morales Gallegos. J'étais également heureux d'avoir à mes côtés mon grand-père et ma grand-mère paternels, Don Simón Márquez Maldonado et Dona Juanita Dávalos Padilla, qui vivaient à côté, les premiers colons de la colonie. Les premiers à avoir l'électricité, et bien sûr, à avoir un poste de télévision. Ils vivaient très confortablement. Ils ne manquaient de rien.

Lorsque ma premiere soeur est née, elle a été nommée après ma grand-mère, joliment connue sous le nom de «la nana Juanita». Ma petite sœur n'aimait pas rester avec elle, car elle voulait toujours se peigner les cheveux et elle n'en voulait pas. Elle était très indifférente. Quand je suis née, ma ressemblance avec ma grand-mère Juanita était très remarquable. Depuis ce moment-là, elle m'a aimée. Elle a failli prendre ma vie. Elle me choyait beaucoup. Elle m'habillait comme sa petite poupée (elle était une couturière- stress. Elle faisait de la broderie et du tricot). Elle aimait me peigner les cheveux. Elle me prenait dans ses bras et me racontait des petites histoires. Malgré toutes ses corvées, elle se réservait du temps pour jouer avec moi. Elle sautait à la corde, s'asseyait par terre et jouait aux osselets. Elle m'emmenait au cinéma et me comblait de nombreux cadeaux.

Les voisins se réunissaient chez elle. Chaque année, il y avait une grande fête lorsque nos oncles arrivaient des États-Unis. Toutes les familles se réunissaient pour les accueillir. Un petit cochon était engraissé pendant l'année et nous faisions une grande fête. Nos oncles avaient l'habitude d'apporter des cadeaux pour nous tous, sans exception. Je me souviens de la camionnette verte, pleine de vêtements et de cadeaux. La nuit, ils faisaient des feux. L'oncle Teodoro jouait de la guitare et ma cousine Mary l'accompagnait en chantant. Mes oncles faisaient des photos en s'exhibant sans chemise pour montrer leurs muscles. D'autres fois, il y avait un film gratuit pour tous les enfants du quartier. Je me souviens que toutes les familles qui vivaient au Mexique voulaient que nos cousins restent et dorment dans nos maisons, et notre privilège était d'avoir notre cousine Gloria avec nous, qui avait presque mon âge, mais plus robuste. Elle était comme notre mère. Elle s'occupait beaucoup de nous et nous étions heureux. Nous dormions tous en travers sur les lits pour pouvoir tous tenir dans le même endroit.

Ma mère était une femme très triste et tranquille à cause des problèmes conjugaux qu'elle avait avec mon père, car elle découvrait quelques infidélités. Je me souviens d'un jour où ils se sont disputés. Ma mère prétendait quelque chose. Puis, elle s'est dirigée vers mon père comme une bête et lui a griffé le visage. Mon père s'est défendu en lui prenant les mains et en la faisant tomber par terre. Soudain, ma grand-mère est entrée et, insultant ma mère, lui a demandé de laisser mon père tranquille. Ces souvenirs sont très choquants pour une petite fille de 5 ans.

Comme je ressemblais à ma grand-mère, je pense que je rappelais à ma mère sa belle-mère. D'ailleurs elle avait de la rancœur contre moi. Elle disait que je n'aimais pas ses parents parce qu'ils étaient très pauvres, et que je m'intéressais au confort et aux cadeaux offerts par mes grands-parents paternels. La vérité est que je n'aimais pas rendre visite à mes grands-parents maternels parce que j'avais peur et que je déprimais car ils vivaient à un pâté de maisons d'un cimetière. Il n'y avait pas d'électricité dans leur quartier. La famille de ma mère parlait toujours de «fantômes et d'apparitions». Ils disaient qu'avant le coucher du soleil, il y avait une lagune et que la nuit, «la femme qui pleure» apparaissait pour réclamer ses enfants qui s'étaient noyés dans la lagune, et des choses comme ça. Ils étaient très pauvres. Ils n'avaient pas de place pour s'asseoir. Mais cela ne me rendait pas aussi inquiet que leurs histoires. C'était l'horreur à mon jeune âge. Mais je n'étais pas non plus une fille idiote. Peut-être qu'elle avait raison. J'aimais être là où il y avait du confort, je le reconnais. Qui n'en a pas envie ?

ÉCÈS INATTENDU DANS MA FAMILLE

PREMIÈRE DOULEUR

Quand j'avais environ 6 ans, ma nana Juanita est allée rendre visite à son fils (mon oncle Baudelio) aux Etats-Unis (Wichita, Ks). Je restais triste et je comptais les jours et les minutes pour qu'elle revienne. L'attente a été longue car elle n'est jamais revenue. On nous a seulement dit qu'elle était tombée gravement malade et qu'elle était décédée. Pour la première fois de ma vie, j'ai pleuré amèrement. Je crois que j'ai failli devenir folle de chagrin, car elle était mon univers. Mon grand-père Simon est revenu seul, triste et dévasté.

Je restais très déprimée et je pleurais. J'ai trouvé refuge chez mes parents. À cette époque, nous n'étions que quatre petits frères et sœurs, Juanita, Pablo, Normita, qui était un bébé, et moi-même. J'avais besoin de trop de réconfort. Ma mère n'était pas très affectueuse avec moi. Quand elle se couchait pour allaiter le bébé, je me couchais sur son dos pour sentir la chaleur maternelle. Je me sentais comme un petit animal à la recherche de protection, alors je devais me réconforter sans tant d'attention. Ma joie était mon père quand il rentrait à la maison du travail. Il était toujours très attentionné.

Puis, mes petits frères et sœurs sont arrivés et j'ai dû accepter que ma sœur aînée était la fille gâtée. C'était douloureux de le découvrir. Ma mère avait l'habitude de dire à ses meilleures amies et de faire des commentaires comme «l'amour d'Emilia, c'est Juanita». Maintenant, je vivais quelque chose qui me faisait souffrir comme je la faisais souffrir. Bien lire le mot sur les règles d'or.

«Fais aux autres ce que tu voudrais qu'on te fasse».
C'est là l'essence de tout ce qui est enseigné dans la
loi par les prophètes». (Matthieu. 7:12)

DEUXIÈME DOULEUR

La vie continuait entre l'école et les corvées à la
maison ; surtout, aider à laver les couches avec tant
de petits enfants. Ma sœur Juanita avait 17 ans.
J'avais 14 ans, Pablito 10 ans, Normita 8 ans. Mary
avait 6 ans, Norita 4, Ramón 2, Ricardito 1 et le bébé
avait 3 mois. J'étais en 9ème année de collège. Mon
oncle Bernardino, le plus jeune frère de ma mère,
venait de m'apprendre à conduire une voiture que
nous avions ; et du jour au lendemain, j'ai commencé
à la conduire. Le jour suivant, ma mère m'a demandé
de l'emmener voir

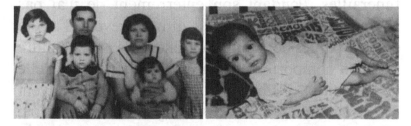

mes grands-parents. Je pense qu'elle est allée leur
dire au revoir, parce qu'elle a commencé à se sentir
mal, elle a eu mal au ventre. On lui a donné quelques
remèdes, mais elle ne s'est pas améliorée, alors nous
sommes rentrés à la maison. Elle était hors de chez
elle à faire des dépositions jusqu'à ce qu'elle vomisse
du sang. J'ai eu très peur. J'ai appelé mon oncle José,

le frère de mon père (car mon père travaillait), et il l'a emmenée à l'hôpital où elle est restée plus de trois jours, à saigner jusqu'à ce que mon père vienne chercher les plus âgés, c'est-à-dire Juanita et moi pour aller dire au revoir à notre mère qui agonisait.

Non, pas encore ! Quelle douleur ! J'ai refusé d'aller la voir. J'étais lâche. J'avais peur. Je voulais éviter de la voir mourir. Alors je me suis enfermée dans une chambre et j'ai pleuré toute la journée jusqu'à épuisement. J'étais très déprimée, triste et sans espoir. J'imaginais des choses qui me venaient, «ce que les gens vont dire», et je me disais : «Personne ne va me voir pleurer». «Je ne veux pas que les autres aient pitié de nous». «Je suis forte» et avec une grande fierté en moi, je l'ai fait. Personne ne m'a fait entrer dans la salle où se déroulaient ses funérailles. Pendant son enterrement, je n'ai pas voulu m'approcher pour lui dire au revoir. J'ai été critiqué par les personnes présentes. Ils ont murmuré sur mon comportement en disant «Je pense qu'elle ne l'aimait pas» Les gens sont cruels. Ils ne savent pas ce que tu as en toi» ! Alors, je suis devenue une fille au cœur tendre et j'ai commencé à avoir de très grands ressentiments.

Je ne me souciais pas que mes parents m'aient enseigné des principes et des valeurs sur DIEU ET SA BONNETÉ. J'avais l'habitude de me plaindre en lui disant : Ce n'est pas vrai que tu es bon, toi qui laisse beaucoup d'enfants sans mère ? Tu ne peux pas être bon ! Je ne comprenais pas. C'était mon époque de rebellion et j'étais aveuglée par le chagrin et la souffrance.

Ma maison était remplie de deuil et mon âme aussi. Mon caractère s'est renforcé et mon père voyait que ma sœur aînée était très naïve et plus faible. Il a commencé à me donner son salaire pour que je m'occupe de faire les courses, surtout les courses alimentaires pour notre maison. Je me sentais très importante. Mon père a commencé à me préparer, mais je ne comprenais pas ou je ne voulais pas. Il me disait qu'il sortait avec une femme des Etats-Unis, une veuve, et qu'il pourrait faire tous les papiers, et que nous allions vivre là-bas. Il me faisait des blagues, et je pensais que c'était juste une blague, et qu'il avait une grande confiance en moi (j'étais tellement idiote. C'était un bel homme de 38 ans, plein de vie). Mon immaturité et mes désirs que cela ne puisse pas arriver se sont écroulés devant moi.

Notre plaisir de l'avoir juste pour nous n'a pas duré longtemps, car notre vie allait connaître un grand bouleversement, et nous n'étions pas prêts à souffrir davantage. Nous n'avions pas encore surmonté une seule chose, et d'autres surprises allaient venir !

Huit mois après le décès de ma mère, il a ramené la veuve à la maison et avec les documents américains dont il parlait tant (ce qui n'était pas vrai), et nous avons rencontré une très jeune femme, d'environ

21 ans, et en plus elle a amené avec elle une fille de 3 ans. Et tout comme il nous a fait savoir qu'elle allait vivre avec nous, et qu'il allait l'épouser, parce qu'il était très jeune, et ne pouvait pas être seul, sans une femme. Nous avons ressenti de la colère et de la tristesse en même temps, car il ne pouvait pas attendre plus longtemps. Nous étions toujours en deuil. Nous n'avions pas surmonté la perte de notre mère, et il était égoïste, il ne pensait qu'à lui et pas à nous. Nous ne pouvions rien faire pour l'éviter. Il l'avait déjà décidé, et il n'y avait pas de retour possible.

Ma sœur Juanita ne pouvait pas supporter le rythme de vie d'une seconde position pour notre père et avec une «belle-mère». De plus, des problèmes surgissent comme des différences pour la favoriser elle et sa petite fille. Nous nous sentions aussi abandonnés par notre père. Ainsi, Juanita avait un petit ami depuis plusieurs années, et sa sortie était de s'enfuir avec lui pour échapper à cette vie que nous menions.

IMAGINEZ ! ABANDONNÉE PAR DIEU, PAR MON PÈRE ET MAINTENANT MA SOEUR M'ABANDONNAIT. QUELLE GRANDE SOLITUDE JE VIVAIS. JE VOULAIS MOURIR, DISPARAÎTRE DE CE MONDE. LA SEULE RAISON QUI M'EMPÊCHAIT DE ME FAIRE DU MAL ÉTAIT DE VOIR MES PETITS FRÈRES ET SŒURS, SI IMPUISSANTS ET SEULS. JE

NE POUVAIS PAS SUPPORTER DE LES VOIR
SOUFFRIR.

MES ÉTUDES

Ma remise de diplôme de fin d'études secondaires.

J'ai reçu mon diplôme de fin d'études seule, sans ma
famille. Une voisine m'a accompagnée. Elle a tout
acheté pour ma remise de diplôme. Je me souviens
d'elle avec beaucoup d'affection. C'était une voisine
qui nous soutenait beaucoup.

Dieu m'a protégée depuis cette époque. Ma sœur
avait eu beaucoup de petits amis, et j'étais son
compagnon (son chaperon). Si je ne l'accompagnais
pas, je ne la laissais pas sortir. Parfois, je la faisais
chanter. Un jour, une nouvelle famille est venue
s'installer dans notre quartier, et l'un d'eux m'a plu.
Comme ils étaient musiciens, j'étais plus éblouie, en

plus qu'il était beau, et j'ai dit «ma sœur a un petit ami, pourquoi pas moi ?». Il avait 19 ans et était bien expérimenté, et j'avais 14 ans. En vérité, depuis qu'il m'a accompagnée et que je suis devenue sa petite amie, je ne l'ai jamais revu. C'était juste pour dire que j'avais un petit ami, car il était toujours occupé. Il faisait beaucoup de trajets en tant que groupe. Ils avaient des spectacles, des mariages, des fêtes pour les 15 ans, etc.

Quelle coïncidence ! Quand ma mère est décédée, il est venu me rendre visite après une si longue période. Il est supposé y être venu pour présenter ses condoléances. Mais il avait déjà mis au point un plan. Il m'a proposé de m'enfuir avec lui, car ils voulaient qu'il se marie avec une fille, qui était enceinte, mais le bébé n'était pas le sien et j'étais celle qu'il aimait. La vérité est que son plan n'a pas fonctionné, parce que j'ai eu très peur et je suis rentrée chez moi en courant.

COMME VOUS POUVEZ LE VOIR, LE MAL ME GUETTAIT À CHAQUE INSTANT, MAIS DIEU M'A PRÉSERVÉE.

J'avais deux choix : Mourir et en finir avec tout ce monde sombre de ma vie ou surmonter et trouver un moyen d'aller de l'avant. J'ai choisi le second, pour mes frères et sœurs. Mon père gagnait très peu d'argent et il y avait beaucoup de pénuries à la maison. Nous étions une famille de 12 personnes, mais ma petite sœur de 3 ans, Aidé Magdalena, a été élevée par ma tante Enriqueta (la sœur aînée de mon père). Elle a vraiment fait un excellent travail avec ce bébé car à 8 mois, elle était en très bonne santé et très belle, et quand mon père l'a vue, il lui a demandé de continuer à l'élever, et qu'elle devait toujours savoir qui était sa famille et ce qui s'était passé de toute façon.

Alors, j'ai pris mon courage à deux mains et je me suis inscrite dans un centre d'études technologiques dans ma ville en pensant à surmonter, et la souffrance me poursuivait partout. L'après-midi, j'allais à la bibliothèque pour faire mes devoirs, et mon père était très en colère contre moi. Il ne me soutenait pas et disait que j'allais devenir une abruti et que je voulais juste être dans la rue. À l'école, j'avais une amie et je lui ai parlé de mes peines et elle m'a parlé des siennes. Elle m'a offert une cigarette dans les toilettes en me disant que cela allait m'aider beaucoup, alors j'ai commencé à fumer à l'âge de 15 ans.

Comme mon père ne croyait pas en moi, je me suis résolue à me distinguer à l'école par de bonnes notes et j'ai obtenu une demie-bourse dans l'entreprise où travaillait mon père. Même s'il n'était pas heureux, il avait l'habitude d'insister sur le fait que ce n'était qu'une demie-bourse. Je nourrissais beaucoup plus de ressentiment et de colère envers lui pour tout ce qui se passait dans notre maison, mais ce n'était pas seulement cela. Nous vivions quelque chose de vraiment désagréable. LE DESORDRE ; une maison sale, la vaisselle restait plusieurs jours sans être nettoyée jusqu'à ce qu'elle soit pleine de vers. Mes petits frères et sœurs faisaient parfois leur propre nourriture pour manger, comme ils le pouvaient. Je commençais vraiment à apprécier ma mère seulement au moment où elle n'était plus avec moi. Ce dicton est bien vrai. «Personne ne connaît la valeur de ce qu'il a, tant qu'il ne l'a pas perdu. J'ai pu découvrir que je n'étais pas sa préférée, mais elle m'a manqué ! Je l'avais imaginée en train de cuisiner, de se promener, de tout ramasser et de nous corriger.

Quel merveilleux travail que celui d'une mère !

«ELLE ÉTAIT LA REINE DE LA MAISON. L'ENTREPRENEUR DE SA FAMILLE. TOUTES LES QUALITÉS SE RETROUVAIENT EN ELLE. LORSQU'ELLE ÉTAIT CONSCIENTE DES CHOSES, RIEN N'ÉCHOUE ET SES DIVIDENDES SONT SES ENFANTS»... QUELLE GRANDE VÉRITÉ !

Un conseil pour tous les enfants. Remerciez Dieu pour vos parents, estimez-les et aimez-les. Je vous assure que malgré tous les défauts qu'ils ont, personne ne vous aimera plus qu'eux. Apparemment, ils ne le montrent pas, mais ils nous aiment... Peu importe qu'ils en aiment un plus que l'autre. Nous ne pouvons pas diriger leur cœur. PARDONNEZ-LEUR ET AIMEZ-LES. Faites-le quand ils sont vivants, car j'ai dû demander pardon à une mère qui n'était pas avec moi. Je pense qu'elle aurait été très heureuse si je l'avais fait avant sa mort, mais nous ne sommes jamais prêts à penser à la mort.

«L'acceptation d'une situation conflictuelle et douloureuse est l'hypothèse fondamentale de chaque progrès personnel, avec l'espoir et la tranquillité de savoir qu'après les ténèbres vient la lumière».

LA LUMIÈRE, ARDEMMENT RECHERCHÉE, EST ARRIVÉE DANS MA VIE.

HISTOIRE D'AMOUR

Une très bonne amie de l'école secondaire était amoureuse d'un garçon, et elle en parlait toujours avec beaucoup d'enthousiasme. Au fil du temps, nous sommes restées ensemble. Nous suivions maintenant un programme professionnel au Centre d'études technologiques de ma ville, et elle me disait que son amoureux était entré dans la même école que nous. Finalement, l'occasion est venue de rencontrer son amour platonique, «Enrique», qui n'impressionnait pas beaucoup, à part sa haute stature. Il se distinguait des autres étudiants, mais quelque chose a commencé à se produire plus tard. Lorsque sa dulcinée et moi sommes passés devant sa classe, il m'a dévisagée, et j'ai frémi. J'ai commencé à rougir et à en avoir honte pour mon amie, qui l'aimait tant. Je l'ai gardé dans mon cœur pour ne pas la blesser. J'ai commencé à tomber amoureuse en silence.

Après un certain temps, mon amie et moi n'étions plus amies à cause des ragots et elle a finalement quitté notre école pour aller étudier dans une autre ville.

Maintenant, il me poursuivait jusqu'à la maison, mais il ne me parlait jamais. Il était vraiment sérieux. Puis j'ai appris qu'il était avec une fille qui le harcelait, et j'ai perdu tous mes espoirs. Finalement, il n'a pas non plus terminé l'école, et est parti étudier dans la ville de Monterrey, N. L. et moi étions restés encore plus tristes. Les coïncidences continuaient à se produire. Chaque fois que l'on fêtait quelque chose, c'est-à-dire les vacances ou les célébrations, je le retrouvais dans les rues et il me poursuivait. Jusqu'au jour où, précisément le 1er mai 1977, jour de la fête du travail dans mon pays, il est parvenu à me parler lors d'une soirée, a dansé avec moi et m'a demandé d'être sa petite amie : «Si tu veux, réfléchis-y», a-t-il dit. Et j'ai répondu : «Oui, je veux être ta petite amie, j'y ai déjà pensé pendant trop longtemps». Et ce fut le début de notre amour.

MON DIPLÔME

Maintenant je n'étais plus seule ! J'avais quelqu'un qui m'aimait. Il m'a accompagnée à ma remise de diplôme. J'ai obtenu mon diplôme de technicien comptable. Sara, sa sœur aînée, nous a accompagnés. Des souvenirs qu'on n'oublie jamais. Combien j'avais besoin d'être bien traitée.

Pour moi, c'était comme une petite histoire de Cendrillon, avec un prince qui me choisissait déjà parmi toutes ses admiratrices, car il était très populaire. Mon roi m'a fait tomber amoureuse par ses lettres car il était un peu timide, et il ne parlait presque pas, mais il le faisait très bien par lettre. Que de choses il m'écrivait pour me prouver que nous nous aimions vraiment.

LA FAVEUR DE DIEU

La vérité est que je souhaitais dans mon cœur continuer à étudier. Je voulais être psychologue ou sociologue, mais ce n'était pas possible à cause de la situation économique que nous avions à la maison. Je devais travailler pour faire vivre mes frères. Mes rêves personnels se sont évaporés. L'année 1977 a été une année très importante dans ma vie car beaucoup de joies sont arrivées qui ont marqué favorablement ma jeunesse. La faveur de Dieu était avec moi. Depuis cette année-là, j'ai obtenu mon diplôme. Mon bien aimé est arrivé, et le 14 décembre de la même année, j'ai été embauché pour travailler dans une institution bancaire où j'ai grandi pendant 15 ans et j'ai appris à me perfectionner en servant les gens. J'ai connu la souffrance les trois premières années de travail.

Mon premier patron était très dur pour mon inexpérience. Il avait l'habitude de me faire pleurer. Une partenaire de travail était mon amie, et je lui racontais ma tristesse et ma joie. Nous habitions très près et nous rentrions à pied. Cependant, en arrivant au coin de la rue, j'essuyais mes larmes, pour que mes frères et sœurs ne puissent pas me voir faible. Je devais toujours rester forte pour eux. Dans mon travail, j'ai gravi des échelons. Six ans plus tard, je suis devenue chef de comptoir. J'étais le patron de deux hommes. Cela me faisait sentir importante. Puis je suis devenue cadre, chargée de la promotion. J'avais mon propre bureau et plus d'autorité, donc mon «ego» avait augmenté.

Je m'en sortais bien financièrement. Mon premier objectif était de remplir mon réfrigérateur de nourriture pour mes petits frères et sœurs et de leur acheter des vêtements car ils manquaient de tout. Ensuite, j'ai acheté une voiture pour moi, rénové la maison et acheté quelques meubles. Lorsque mon père s'est rendu compte que j'avais un pouvoir économique, il a commencé à me confier sa direction et m'a permis de contrôler presque tout à la maison. Je donnais des autorisations et répondais à mes frères et sœurs lorsqu'il y avait des problèmes juridiques ou des situations difficiles, etc. Je suis devenue très indépendante. Je ne demandais plus de permissions. Je me contentais d'informer de mes sorties et de mes retours. J'avais de l'orgueil et plus de fierté que jamais auparavant.

LE MARIAGE

J'étais devenu mon propre Dieu. J'étais devenue une personne perfectionniste. Je programmais ma vie, mes enfants, etc. J'ai décidé de tomber enceinte après deux ans de mariage, alors je suis tombée enceinte de Samantha. Je ne voulais pas d'autres enfants selon moi. J'ai continué à travailler et le caractère de mon mari a soudainement commencé à changer. Il a commencé à faire des scènes de jalousie malsaine. Où que nous allions, si nous étions en voiture, il avait l'habitude de dire «sors, pour que tu puisses le suivre» et je répondais : Qui ? J'étais confuse. Et au restaurant, il faisait des scènes de jalousie s'il voyait quelqu'un entrer dans l'établissement. Qu'est-ce que tu attends ou qui attends-tu ? Je pleurais toujours à cause de toute l'amertume que son insécurité me donnait. Dieu sait que ce n'était pas vrai. La jalousie était malsaine, et lui faisait inventer des choses qui n'existaient pas.

Et comme le dit la chanson d'Amanda Miguel : «Maintenant mon prince, mon roi s'est transformé en un monstre de pierre, avec un cœur de pierre. J'étais tellement fatiguée de souffrir dans la vie que je lui ai demandé le divorce, et quand il a vu que j'étais déterminée à le faire, il m'a prié de lui pardonner et m'a demandé de lui donner une autre chance. Honnêtement, je ne voulais pas être une femme divorcée pour ce que les autres pourraient dire, alors je l'ai accepté à nouveau, mais mes blessures de cœur étaient déjà ouvertes pour tant de ressentiment et de faible estime de soi.

MASQUES

Malgré cela et en m'épanouissant en tant qu'épouse, je suis tombée enceinte de mon deuxième fils, Abraham, qui n'était pas prévu pour moi ; et je l'ai rejeté. J'ai donc dû endurer cela. Je remercie Dieu car je n'ai pas tenté de faire quoi que ce soit contre mon bébé. Je n'ai continué à éprouver pour mon mari que de la haine, de la rancœur et un manque de pardon.

Dans mon travail, j'étais très heureuse et je souriais toujours à tout le monde. Mais dès que je rentrais à la maison, le bonheur disparaissait et j'avais aussi peur de savoir que l'ogre m'attendait. Je n'étais pas capable d'inviter mes amis car j'avais honte qu'il soit discourtois avec eux. Mon choix était de ne pas lui dire un mot. Il m'est arrivé de ne pas lui parler pendant près d'un mois. Je pense que j'ai exagéré et qu'il était désespéré. Il me suppliait de lui parler ; que même si je voulais lui dire des mots méchants, qu'il supporterait, mais il voulait que je lui parle. Alors, je me suis mise comme ça à penser «c'est comme ça que je veux te voir, me supplier». J'ai non seulement arrêté de lui parler, mais aussi de repasser ses vêtements, de lui servir à manger ou quoi que ce soit d'autre.

Lorsqu'il y avait des événements sociaux où nous devions aller pour des engagements sociaux comme des mariages, nous avions l'habitude de mettre notre masque de mariage heureux et enviable, et en rentrant à la maison, nous enlevions nos masques, et nous continuions à vivre notre amère réalité. L'hypocrisie que nous vivions était horrible. Même ma propre famille n'était pas au courant de nos problèmes. Nous faisions très bien semblant.

LA MALADIE

Quand Abraham a eu trois mois, la maladie est entrée dans la maison. Ma fille Samantha a commencé à présenter une convulsion généralisée dans tout son corps. J'avais envie de mourir en la voyant, et je ne savais pas quoi faire. Cette scène était choquante, son corps se contorsionnait et ses yeux étaient orientés vers l'arrière. C'était horrible. J'ai couru comme une folle. J'ai touché mes cheveux. Le bébé pleurait, et je ne pouvais pas l'entendre. J'ai fini par me calmer, et j'ai pu penser aux numéros de téléphone de ma famille, car mon mari était absent.

Nous l'avons hospitalisée et nous avons été accueillis dans le «monde de l'épilepsie». J'avais déjà connu la douleur de perdre ma grand-mère et ma mère et de voir mes petits frères et sœurs souffrir davantage. La douleur de voir un enfant souffrir est un sentiment encore plus intense et douloureux !

Je donnerai ma vie pour mes petits frères et sœurs, mais je ne connaissais pas ce type de douleur, et je ne la souhaite à personne. C'était un poids tellement immense que lorsqu'elle est tombée malade, j'ai aussi été malade de tristesse et déprimée. Je me sentais à l'agonie. J'ai beaucoup pleuré. Nous avons vu sept médecins, et ils ne savaient pas pourquoi elle présentait des convulsions. Le test de résonance a montré que tout était normal. Quoi qu'il en soit, on lui a donné un traitement, et le neuro pédiatre a dit : «La neurologie est très complexe et les études à ce sujet ne sont pas encore terminées». Ils se sont retranchés derrière cela, et il n'y a pas eu de diagnostic clinique.

Mon mari travaillait en dehors de la ville. Il était absent pendant de longues périodes, et quand il est venu la voir, il ne l'a pas vue avoir des convulsions. À ce moment-là, elle avait déjà quitté la clinique. Après deux ans de convulsions, il vient le temps pour lui de voir une crise. Honnêtement, je ne savais pas qui aider, ma fille ou lui. Car il était presque fou de douleur et du choc de voir sa petite fille si mal en point. La vérité, c'est que j'ai eu peur. C'est ce qui l'a mis en colère et il a crié à Dieu.

Il a crié à Dieu pourquoi il avait permis à notre petite fille de subir cela, et a dit «pourquoi la tourmentez-vous, elle et pas moi, elle est innocente». Je lui ai simplement demandé de se calmer et de ne pas blasphémer contre Dieu. Depuis ce moment précis, nous avons commencé à reconnaître nos erreurs et à demander pardon pour tout le mal que nous avions commis dans nos vies. Nous offrions nos vies en retour pour que notre fille soit guérie. Nous avons laissé derrière nous nos problèmes conjugaux pour un temps afin de nous unir dans notre douleur et de nous consacrer à la recherche d'un médecin après l'autre, pour que notre fille soit guérie.

«Les pires cauchemars sont vécus les yeux grands ouverts».

RÉCONCILIATION

Après avoir reconnu nos erreurs à travers tout ce que nous vivions, il ne nous restait plus qu'à tourner nos yeux vers Dieu, car ce monde ne pouvait pas nous offrir de solutions. Nous avons donc reçu une invitation à la réunion du Full Gospel Businessmen International où nous avons reçu Jésus comme notre Seigneur et Sauveur. Et après avoir passé quelque temps là-bas, il y avait une Convention nationale dans notre ville, et certains prophètes des États-Unis y avaient été invités. L'un d'eux est passé devant nous, s'est arrêté et a dit «vous avez un grand manque de pardon mutuel» et a continué en disant «Dieu me dit que vous (Silvia) avez un manque de pardon pour lui». Il dit qu'il veut te bénir, mais que si tu ne pardonnes pas maintenant et dans ce lieu, les bénédictions continueront à être retenues».

Honnêtement, nous avions des problèmes dans tous les domaines : spirituel, santé, famille, finances. Alors mon mari et moi sommes allés dans un coin, et il m'a demandé pardon et il a dit qu'il me pardonnait pour tout ce que je lui avais fait.

Mais quand il s'est tourné vers moi, pour me retirer le masque, je lui ai menti. Je lui ai dit : «Je ne sais pas pourquoi cet homme a dit tout ça», mais au fond de moi, j'avais un grand ressentiment contre mon mari pour tant de dommages émotionnels, et surtout pour le souvenir d'une chose qu'il m'avait forcée à faire il y a quelque temps. À savoir, renvoyer ma sœur de ma maison, parce qu'il n'avait pas d'intimité. Ma sœur m'aidait à m'occuper de mes enfants. Elle nettoyait la maison pour moi et préparait mes repas. Elle était très bonne et avait beaucoup de besoins financiers. Il a dit «si tu veux, nous pouvons l'aider financièrement, mais en restant chez elle. J'ai donc dû parler avec Mary, ma sœur, et lui dire que mon mari voulait qu'elle parte. Nous avons toutes deux beaucoup pleuré. J'ai éprouvé beaucoup de ressentiment à son égard, car j'ai obéi. Mais mon cœur était vraiment blessé pour ce qu'il m'a fait faire contre ma petite sœur que j'aimais beaucoup et pour laquelle je n'avais que de la gratitude.

Avec cela dans mon esprit que je ne pouvais effacer, je ne pouvais pas lui pardonner. Il y avait une lutte contre l'orgueil en moi, mais les mots du Prophète résonnaient en moi : BÉNÉDICTIONS... les bénédictions pour moi signifiaient la guérison de ma fille, nos problèmes financiers, et la réconciliation de la famille. Pour moi, tout le reste n'était pas si important, juste que ma fille soit guérie ! Pour la première fois, j'ai fait plier mon orgueil. Pour la première fois, j'ai enlevé mon masque devant mon mari en lui disant tout ce qui avait abîmé mon cœur. Je lui ai dit que je demandais pardon pour tout le ressentiment et le manque de pardon que j'avais envers lui et que je pardonnais tout ce qu'il m'avait dit et fait dans le passé.

Je ne sais pas ce qui s'est passé, mais spirituellement quelque chose de grandiose a été déclenché, et à partir de ce moment-là, la haine, la mauvaise volonté et la rancune ont disparu. En outre, auparavant, je voyais chez mon mari tous ses défauts. Maintenant, je voyais toutes ses vertus. De plus, il avait déjà commencé à essayer de me conquérir à nouveau il y a longtemps, mais je ne l'ai pas laissé faire. Maintenant, j'avais commencé à le trouver plus beau et il a de nouveau commencé à gagner mon cœur, en faisant des choses si gentilles qu'il avait cessé de faire à l'époque. C'était quelque chose de nouveau chez lui, et il osait encore moins dire ce qu'il ressentait pour moi, alors il m'a conquise. Je souhaitais être heureuse et maintenant je ne pouvais pas me priver de l'être.

Dieu nous a donné une nouvelle relation. Il l'a rendue beaucoup plus solide que notre premier amour.

C'est pour cette raison que j'ai fait cette chanson :

AIMÉE, SOUFFERT

Amour, combien je t'ai aimé
Depuis que je t'ai rencontré
Dieu a commencé à me donner
Un grand amour pour t'aimer.

Deux âmes se sont croisées
Chacune souffrant
De chagrins très amers
Depuis notre enfance
Qui ont marqué nos vies
A l'envers

Devoir être une mère
Pour tous mes frères et sœurs
Tout en étant une fille
Une grande responsabilité

Rêver de sa vie
Avec sa précieuse mère
Vivre de la maltraitance
Marquant ton caractère
Ta grande indécision.

Finalement, nous y sommes parvenus
Le mariage.
Pas pour longtemps
Notre grand bonheur

La jalousie t'a envahi
Sans que je le sache
Tu as blessé ma dignité.
Je n'ai pas pu supporter
Mon chagrin d'amour
Pour tant d'humiliation.

Ma vie a basculé.
Et la mauvaise volonté a commencé
Je me réfugiais dans «mes dieux»
Vivant d'apparences
Portant beaucoup de masques.

Le divorce est venu dans nos discussions
Mais tout restait à moitié accompli

La maladie est arrivée
Cherchant des médicaments
Sans trouver de remède
Nous mettant à l'épreuve
En faisant plier notre orgueil

DIEU, TU ES SI SAGE
TU NE FAIS JAMAIS D'ERREURS
TU NOUS AS TOUCHÉS JUSQU'AUX OS
EN SCULPTANT TRÈS PROFONDÉMENT EN
NOUS.

Il y avait repentance
Tu es entré dans nos vies
Tu as guéri nos blessures
Tu nous as donné un nouvel amour.

TU AS RESTAURÉ NOS VIES
NOUS SOMMES DE NOUVELLES CRÉATURES
NOUS AVONS VU LES MIRACLES
QUE TA MAIN A ACCOMPLIS

COMMENT POURRIONS-NOUS TE
RÉCOMPENSER,
MON PÈRE ET MON DIEU BIEN-AIMÉ,
EN TE LOUANT SIMPLEMENT
ET EN TE SERVANT !

PRIÈRE

«LA DÉCISION DE PARDONNER»

Seigneur Jésus !

AUJOURD'HUI, JE DÉCIDE VOLONTAIREMENT DE PARDONNER À TOUTES LES PERSONNES QUI M'ONT FAIT DU MAL DEPUIS LE JOUR DE MA NAISSANCE JUSQU'À AUJOURD'HUI.

(EN SILENCE, RÉFLÉCHISSEZ À CES PERSONNES ET DITES LEURS NOMS ET LE MOT «JE VOUS PARDONNE»).

JE TE DÉLIVRE ET JE ME DÉLIVRE MOI-MÊME DE TOUS LES LIENS AUXQUELS NOUS ÉTIONS LIÉS. JE DÉCIDE DE T'AIMER ET DE TE BÉNIR AU NOM DE JÉSUS.

ET JE DÉTACHE LES BÉNÉDICTIONS DE TON ESPRIT QUI ONT ÉTÉ RETENUES À CAUSE DE MA DURETÉ.

SEIGNEUR JESUS, GUÉRIS MES BLESSURES!

NÉGLIGENCE

Depuis que la maladie est arrivée chez moi, mon attention et mes soins étaient destinés à Samantha. Mon bébé Abraham était simplement allaité par moi. Mais mon attention était toujours concentrée sur elle, prenant soin de ne pas la laisser se faire frapper quand elle avait une convulsion. Parfois, j'arrivais à l'attraper : d'autres fois, je la ramassais par terre, son corps entier était griffé. Son petit corps avait de multiples blessures, des bleus, etc. J'ai donc négligé mon petit bébé, et quand il avait déjà 3 ans, ma sœur Norma nous a fait faire des remarques à ce sujet. Nous ne faisions pas attention à notre garçon, et elle a dit à mon mari, «tu as tellement souhaité un petit garçon, et maintenant que tu l'as, tu ne fais pas attention à lui».

Après ces mots, nous avons réagi, mais c'était un peu tard ; mon garçon est devenu insécure, réservé, et ayant peur de tout. En plus de cela, ma bouche déclarait des choses très négatives à son égard. Le stress, les soucis, l'angoisse et mes problèmes conjugaux ont fait de moi une personne hystérique et bruyante, qui disait des gros mots (une maudite). Comme mon garçon ne réussissait pas à l'école, au lieu de le soutenir, j'avais l'habitude de l'insulter en disant des mots comme «tu es un imbécile», «un âne», «un inepte», «tu n'es bon à rien». Et effectivement, il admettait lui-même qu'il n'était capable de rien, et quand j'essayais de le toucher, il ne le permettait pas. Son regard exprimait la haine même envers moi. J'avais l'habitude de dire «si tu avais un pistolet dans les yeux, tu m'aurais déjà tué». Et vous savez, un esprit de haine et de ressentiment commence comme ça chez nos enfants, et nous les poussons vers des pensées d'homicide ou de suicide ; des plans qui plus tard se réalisent sur eux.

A la maison, il a vécu plusieurs expériences désagréables, tout le monde le maltraitait. Les enfants le maltraitaient, même les filles se moquaient de lui, jetaient son déjeuner, etc. Il ne se défendait pas. Je me souviens qu'un jour un garçon s'est approché de lui et lui a mordu le ventre juste devant moi. Ça fait tellement mal, ce que les autres font à vos enfants. Je pouvais le maltraiter, mais je ne pouvais pas supporter que d'autres puissent le maltraiter. J'ai juste grondé le garçon, et lui ai demandé «pourquoi tu as fait ça, il ne vous a rien fait». Son institutrice le défendait constamment. Elle disait qu'il était un bon garçon, mais qu'il ne se défendait pas. La vérité, après ça, il s'est réfugié dans les mauvaises compagnies, en s'associant avec les pires enfants de la classe. Il faisait en sorte qu'ils le protègent, et les autres ne s'approchaient pas de lui pour le maltraiter. Il était distrait en classe. La maîtresse disait «il ne fait pas attention, mais si une mouche entre, il la suit pour voir où elle va». Bien sûr, il avait de très mauvaises notes.

Il n'avait pas seulement des 5, qui était la note d'échec, mais il répondait à n'importe quel test. Il a même eu zéro. Nous avons eu des professeurs privés pour lui afin de l'aider à progresser.

Mon mari lui a dit un jour : «Défends-toi», et mon fils a pleuré et a dit : «Je ne peux pas papa». «J'ai peur d'être emmené dans le bureau du directeur et d'être puni». Son père lui a répondu, «N'aie pas peur». «Je suis ton père et maintenant je suis là pour te défendre, parce que tu n'es pas seul, tu as un père qui est là pour toi !». Ceci était si bien pour moi ! Maintenant nous étions sur le bon chemin. Nous avions reçu Jésus dans notre cœur et il nous a montré comment être de meilleurs parents en reconnaissant le grand mal que nous lui avions fait, surtout à moi.

Nous avons demandé pardon à nos enfants, surtout à lui, pour tant de mauvais traitements psychologiques. J'ai commencé à le prendre dans mes bras et à lui dire que je l'aimais parce que c'était quelque chose de difficile pour moi. Je prenais les filles dans mes bras, mais je ne pouvais pas le prendre dans mes bras car il se comportait mal. En plus, il était devenu un menteur, il prenait les affaires des autres. Et tout cela m'a poussée à le rejeter. J'avais déjà reconnu mes erreurs sur la vie de mon fils, et comment je l'avais blessé, faisant de lui un garçon peu sûr de lui, craintif et manquant d'estime de soi.

J'ai décidé de réparer tous ces dégâts et j'ai réussi à l'aider. J'ai rejoint le conseil des parents et la coopérative scolaire, afin qu'il puisse avoir la certitude que sa mère était chaque jour au courant de son existence. J'ai vu comment il a changé. Il se sentait fier que sa mère occupe ce poste à l'école. Plus tard, j'ai fait des recherches sur des livres de conseil et j'ai trouvé un titre «Comment faire monter l'estime de soi de vos enfants». Je l'ai lu et j'ai commencé à appliquer ce que j'avais appris. Je déclarais maintenant des choses positives, comme «tu es grand et intelligent», «tu as l'esprit du Christ», «tu vas être un grand homme», «tu seras un grand médecin-mathématicien» (ceci parce que les mathématiques n'étaient pas son truc). Il a répondu : «non, maman. J'ai envie de vomir quand tu parles de chiffres». Je donnais des exemples de personnages historiques, comme Einstein, qui n'étaient pas très intelligents quand ils étaient enfants et qui avaient triomphé dans la vie. Je continuais à faire mon travail en déclarant que nous l'aimions, qu'il était le roi de la maison, celui que nous aimions, l'être adoré.

Au lycée, nous avons fait une autre erreur, en l'inscrivant dans une école privée, pensant qu'avec des cours personnalisés, il allait avancer, et c'était totalement le contraire. Il n'y arrivait pas avec ses cours. Il avait trop de pression à l'école, et de notre part aussi. Un jour, je préparais une conférence intitulée : «Les jeunes et le suicide». J'ai eu le sentiment de Dieu que je devais demander à mon fils ce qu'il pensait de cette question (en commençant par son voisin). Je lui ai demandé si un sentiment de mort lui était venu à l'esprit, et il m'a avoué qu'il avait fait un rêve, dans lequel il était allongé dans un cercueil et disait adieu à la vie. J'en ai immédiatement parlé à mon mari, pour lui demander de faire attention, de ne pas le pousser à l'école, sa vie valait mieux que ses cours, et s'il n'avait pas la capacité d'étudier, il se contenterait de travailler.

Alors nous avons arrêté de le pousser. Nous l'avons changé d'école. Il a échoué en neuvième année malgré notre attitude positive et notre soutien moral et spirituel. Il est allé dans une école préparatoire. On a continué à travailler sur son estime de soi. Il était encore à l'école préparatoire et je lui demandais quelle spécialité il voulait choisir. Il me répondait qu'il ne savait pas. Dieu place des gens sur notre chemin pour nous aider. Ils sont comme des anges qu'il envoie dans nos vies pour nous venir en aide. Le directeur de l'école préparatoire l'a donc aidé à aller de l'avant.

Je me suis souvenu qu'il lui disait : «Abraham, tu es un défi pour moi», et avec des cours extraordinaires, il l'a très bien préparé, et à la fin il avait de mauvaises notes, mais le professeur disait : «mais il a trouvé tout seul tous les problèmes» et l'applaudissait. Il a quitté l'école préparatoire en faisant des efforts et sans pressions.

Nous avons vu que vous pouvez récupérer l'amour de nos enfants. La Bible dit que «le cœur des enfants se sépare du cœur des parents», et maintenant je demandais à Dieu de m'aider à faire en sorte que son cœur s'attache au mien, et j'y suis parvenue avec son aide.

Après l'avoir tant soutenu, il a eu le rêve de devenir économiste. Il est actuellement en dernière année d'études. Cela a été long, mais il n'y a pas de problème, il n'y a pas de précipitation. Il terminera sa spécialisation quand Dieu le décidera. Plus il étudiera, plus il acquerra d'expérience. Le plus grand miracle est que sa matière principale est le «Business Calculus», des milliers de formules et de chiffres, et avec l'aide de Dieu, il a cru qu'il était un gagnant. C'est un jeune homme qui a réussi dans sa tête et dans son cœur, et maintenant nous nous aimons, et je montre tant d'affection pour lui, et il l'accepte comme un bébé malgré ses 25 ans et ses 1,84 m (7 pieds) et il est toujours «mon garçon», et me laisse le choyer.

«Or, toute la gloire revient à Dieu qui, par sa puissance à l'œuvre en nous, est capable d'accomplir infiniment plus que ce que nous pourrions imaginer ou demander» (Éphésiens 3:20).

IL N'EST JAMAIS TARD POUR RETROUVER L'AMOUR DE NOS ENFANTS ET AUGMENTER LEUR ESTIME DE SOI ! TANT QU'ILS SONT DANS CE MONDE, IL RESTE ENCORE DU TEMPS.

Une chanson dédiée à mon fils :

«L'INVISIBLE»

Oh ! Comme je me repens
Pour le mal que je t'ai fait
De ne pas avoir su être une mère
Pour un fils si désiré

Je réfugie ma tristesse
Causée par la douleur
De voir la maladie
Si grave chez ta sœur.
J'ai commis une grave erreur
En te rendant invisible
Ne pas faire attention à toi
Blesser de bouche à oreille
Ton cœur si tendre.

Quel Dieu merveilleux nous avons
Qui donne des opportunités
De devenir une meilleure personne
Recommencer à zéro
Avec une nouvelle vie
Pleine de bonheur

Je remercie mon Père
Pour m'avoir donné le pardon
Et à toi, mon fils
Laisse-moi te montrer
Que j'ai été transformée

En te montrant mon amour
En te donnant mon attention
Tandis qu'un jour je t'ai renié
En augmentant ton estime personnelle
En changeant mes mots
Pour des choses positives,

Effacer notre passé
Je sais que c'est impossible
Il reste juste à te donner
Quelque chose d'encore plus grand
DIEU COMME PÈRE
QUI NE POURRA JAMAIS TE LAISSER
TOMBER

Les plans qu'il a dans ta vie
Pour le bien et non pour le mal
Pour pouvoir te donner
Un avenir brillant
Plein de bien-être
SI TU TIENS SA MAIN
Rien ne va t'arriver
La vie est dure,
Mais si tu restes fidèle
à suivre son chemin
Tu prospéreras toujours
Comme un arbre planté
Au bord d'une rivière
Tes feuilles ne se faneront point
Tu seras très fort.

À DIEU JE RENDS HONNEUR
POUR MES ENFANTS HEUREUX

LICENCIEMENTS

Comme je l'ai déjà dit, j'étais mon propre dieu. Je souhaitais avoir des trophées : un travail, un mari et un seul enfant. Les enfants me gênaient car mon objectif était de gravir les échelons dans mon travail. J'étais proche d'obtenir un poste de direction. J'étais sur le point de construire ma résidence. De plus, une autre grossesse m'aurait fait perdre ma silhouette. Mes uniformes n'allaient plus me convenir. J'ai juste pensé à des choses superflues, juste de la vanité. Je voulais juste une fille et maintenant je vais avoir mon troisième bébé. Ça peut arriver. Je n'arrivais pas à me pardonner, et je pleurais amèrement en regrettant. Mais au fil du temps, Dieu m'a montré ceci :

«Mes pensées ne sont pas semblables à tes pensées, et mes voies dépassent de loin tout ce que tu peux imaginer. Car, de même que les cieux sont plus élevés que la terre, de même mes voies sont plus élevées que vos voies» (Esaïe 55:8-9).

Précisément au moment de la naissance de ma troisième fille, il y a eu de nombreux changements dans notre vie, qui n'étaient pas très favorables.

Le premier : Trois mois après la naissance de ma fille, profitant de mon congé de maternité, on m'a fait remarquer au travail que je devais me rendre au service des ressources humaines pour retirer mon indemnité de licenciement, qui était due à une situation dans la banque dont j'avais été rendue responsable. Première dépression.

Précisément au moment de la naissance de ma troisième fille.

La deuxième : dépression post-partum.

La troisième : déménagement dans une autre ville. Mon mari a été muté pour son travail à Jalisco. Nous sommes allés vivre avec lui dans un endroit que nous ne connaissions pas.

La quatrième. Mon mari n'est pas resté à Jalisco. Il a été transféré à Puerto Vallarta 5 jours plus tard, à environ 5 heures de chez nous. J'étais à nouveau seule pour continuer avec mes petits enfants, mais dans une ville que je ne connaissais pas.

Je n'arrêtais pas de pleurer avec une double dépression à cause de tous ces changements. C'était une période très difficile. Je me sentais grosse (j'avais pris 20 kg pendant ma grossesse). Sur ce, je me procurais des vêtements pour combler mon vide et puis j'étais la même. Rien ne pouvait me combler, je continuais à me sentir triste. J'ai commencé à boire. D'abord, j'ai acheté une boisson préparée. Ensuite, j'achetais une bouteille de tequila, et tout pour me préparer une boisson que j'aimais «Vampiros». Il m'arrivait d'être avec mes enfants complètement ivre à cause de l'abus.

Derrière ma maison à Jalisco, il y avait une arène. La nuit tombait et je m'enfermais dans ma chambre avec mes enfants. Soudain, j'ai entendu un grand bruit à l'arrière de la maison, dans la cour, puis quelqu'un a frappé à la porte arrière. J'ai eu très peur et j'ai cru que quelqu'un allait entrer dans la maison. Je n'avais pas de téléphone et ma chambre donnait sur la rue. Il y avait un balcon et je suis sortie en criant aux gens d'appeler la police, que quelqu'un était dans la cour de la maison.

Quelques instants plus tard, la police est arrivée bien armée et m'a dit : «Ouvrez la porte, madame». J'avais vraiment peur de descendre pour ouvrir. J'ai finalement pris courage et j'ai ouvert. Ils n'ont trouvé personne, mais seulement des traces de sang sur les murs. Ils sont sortis et trois maisons plus loin, ils ont vu quelqu'un descendre du toit, et c'était la personne qui était dans ma cour.

J'ai eu tellement peur que je suis allée chez l'un des partenaires de travail de mon mari, qui vivait dans cette ville pour lui parler et lui raconter ce qui s'était passé. Lui et sa femme m'ont calmée. Ils n'ont pas voulu appeler mon mari pour ne pas l'effrayer. Ils ont cherché à savoir qui était l'homme qui voulait entrer chez moi. Ils lui ont dit qu'il s'était enivré dans les arènes et s'était endormi. Il cherchait maintenant un endroit pour sortir et a traversé jusqu'à ma maison. Donc que ce n'était pas un malfaiteur, de rester calme. Il m'a donné une radio pour rester en contact avec lui si quelque chose arrivait. Après cet incident, je ne pouvais plus être en paix à cet endroit. Mais j'ai arrêté de boire.

L'année suivante, mon parrain a également été licencié et avec son indemnité de licenciement et la mienne, il a planté quelques terres agricoles, qui n'ont rien donné. Nous y avons vécu quelque temps. À cause de ses soucis, mon mari s'est senti mal, sa tension artérielle a baissé. Quelque chose voulait arriver, mais je lui ai dit : «Ne tombe pas malade, ne meurs pas et ne pars pas avec tant de problèmes». Courage, mon amour !

Nous sommes revenus à la maison sans succès, avec des problèmes conjugaux, des maladies dans notre famille, des sentiments de culpabilité pour les erreurs commises et la négligence des enfants, sans emploi et avec de très graves problèmes financiers.

Ce serait très triste d'arriver chez sa belle-mère comme un resquilleur, car notre maison était louée. Il restait cinq mois avant l'expiration du bail. Nos dettes nous sont tombées dessus, le paiement de la maison, les cartes de crédit dues, les avocats tentant de saisir nos propriétés, et nous, vendant toutes les choses de valeur pour nous en sortir.

INVITATION AU FGBMFI

Après plusieurs mois au chômage, mon mari a trouvé un emploi pour nous soutenir un peu. Et réalisant qu'il ne pouvait pas payer tous ses arriérés avec ce salaire, il a décidé d'ouvrir un cabinet avec une donation de départ ; il cherche donc un comptable pour tenir les registres de l'entreprise. Nous avons découvert que c'était un ami, et que sa femme au foyer était une ancienne collègue de travail. Le comptable était le président de la Communauté internationale des hommes d'affaires du Plein Évangile.

Après avoir insisté trois fois, nous y sommes allés. Nous n'étions pas faciles à convaincre. Il y avait quelque chose que nous n'aimions pas dans cette organisation, c'était surtout le mot « Full Gospel «. Nous avions l'impression que c'était quelque chose semblable à une église, et qu'ils voulaient que nous changions de religion. Parfois, on agit juste pour s'engager. Le plus merveilleux, c'est qu'après notre première visite, nous avons ressenti quelque chose de spécial.

L'orateur de ce soir-là a partagé son expérience, très choquante pour nous qui l'écoutions. Son fils jouait avec un bateau à gaz et, étant proche de la chaudière, il avait pris feu. Sa mère est sortie pour essayer d'éteindre le feu, et ils sont devenus deux boules de feu. L'orateur est sorti, et ne sachant pas qui éteindre le feu, il s'en est pris à son fils, et les trois ont été brûlés avec des brûlures de troisième degré. À l'hôpital, sa femme était dans une chambre, le garçon dans une autre et alors qu'il se battait entre la vie et la mort, sa femme est morte, et il ne peut pas aller à ses funérailles en raison de son état de santé. Elle est enterrée par leurs enfants. Par miracle, son enfant de 3 ans survit, mais son visage est défiguré. Mais ils quittent cet endroit, et ce petit garçon avait une raison de vivre, car depuis cet âge, il a commencé à parler des merveilles de Dieu dans sa vie.

J'ai été très impressionnée parce que j'avais une fille spéciale, que nous n'avons pas acceptée. Mon mari, mes enfants et moi avions honte qu'elle se comporte différemment. Après cette expérience, j'ai réalisé que ma fille Sam était belle et entière. Il ne lui manquait rien. J'ai soupiré et je me suis sentie soulagée. Je pensais que j'étais la femme la plus malheureuse de la terre, et maintenant j'ai découvert qu'il y avait des gens qui souffraient plus que moi. Ce qui m'impressionnait le plus était la manière dont ils avaient surmonté. Cette situation ; cela m'a donné plus d'espoir.

Cet homme nous a invités à répéter des mots qui allaient changer notre vie, et je n'ai eu aucun doute pour confesser que j'avais besoin de Dieu. Je lui donnai les clés de mon cœur pour qu'il vienne en moi et fasse de moi une nouvelle personne, remplie de son amour, de sa joie, de sa paix et de sa bonté pour me guider tout au long de mon existence.

Depuis ce moment, quelque chose s'est passé en moi. Mon caractère était devenu fort. Auparavant, j'avais des vices, j'étais une grande fumeuse, hystérique, avec un langage profane, intolérante avec mes enfants, mais surtout avec Samantha, qui était vraiment méchante. Alors j'ai vécu ce changement dont ils parlaient.

MIRACLES

En rentrant à la maison, c'était quelque chose que je ne comprenais pas. J'ai juste dit à mon mari que je me sentais légère comme une plume dans l'air. Alors ma fille est arrivée comme d'habitude en faisant tomber des choses, et je lui ai chuchoté «tais-toi, ma petite fille chérie» avec une voix douce. Je ne pouvais pas crier. C'était comme si quelqu'un avait baissé le volume de ma voix. J'ai alors compris qu'il n'était pas nécessaire de crier ou de dire des choses grossières. Et le plus étonnant, c'est qu'après six mois de participation aux réunions de femmes, j'ai arrêté de fumer. J'ai beaucoup souffert parce que personne ne fumait dans les réunions. Mais il y avait des cendriers et je n'osais pas enfreindre l'ordre pour ce que les autres pouvaient dire. Alors quand je rentrais chez moi, je fumais deux ou trois cigarettes pour le temps que je n'avais pas pu fumer là-bas.

J'ai continué parce qu'ils parlaient si bien dans ces réunions que je suis revenu à la maison avec une grande joie, et j'ai reconnu que je ne voulais plus fumer. Mais dans le passé, j'avais fait plusieurs tentatives, et toutes avaient échoué. Dans les réunions, on m'a appris que je pouvais parler à Dieu, et avoir une relation personnelle avec lui comme un Père et sa fille, qu'il nous aide en tout, alors je lui ai dit :

«Cher père, je ne veux plus te salir si tu es entré dans mon cœur. La fumée et la nicotine sont une chose sale pour l'endroit où tu habites maintenant. Aide-moi, Seigneur, car j'ai essayé tant de fois et je n'ai pas réussi à le faire».

Trois jours se sont écoulés ainsi et je n'ai pas pris de cigarette. Et le plus impressionnant c'est que j'avais des cigarettes dans mon sac. Mon mari et ma sœur fumaient et je n'ai pas eu envie d'en fumer une, pas même une seule jusqu'à présent presque 20 ans après. QUEL MERVEILLEUX MIRACLE !

LA PRIÈRE DE FOI

Engagement
Mon Père
Je te demande le pardon de tous mes péchés.
Je me repens de tout le mal que j'ai fait dans ma vie.
Je reconnais que tu es mort sur la croix pour payer tous mes péchés.
Je te reçois aujourd'hui comme mon seul Seigneur et Sauveur.

Sois mon guide dans tout ce que je fais.
Et écris mon nom dans le Livre de la Vie
Au nom de Jésus. Ainsi soit-il.

LA JOIE AU MILIEU DU REJET

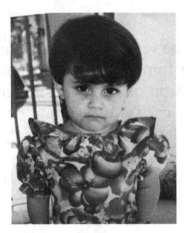

Donc, Pamela est née au milieu du chaos dans notre vie, de beaucoup de changements

de travail

de ville

d'habitudes

d'une nouvelle vie en Jésus Christ.

C'était une fille qui avait une peau très blanche et des cheveux foncés, avec de très grands et beaux yeux, de très longs cils. Partout où elle allait, «elle était admirée». En plus d'être très belle, elle était très bonne. Elle ne pleurait pas. Où que je voulais la laisser, elle restait là sans faire de bruit. Elle avait l'habitude de s'endormir dans son déambulateur. Nous ne pouvions pas lui acheter des choses comme nous l'avions fait pour nos premiers enfants. Maintenant, nous cherchions un moyen d'améliorer notre situation financière.

Elle portait de beaux vêtements, mais c'étaient des cadeaux de sa cousine plus âgée, qui ne lui allaient pas. Ce furent des moments difficiles. Mais les enfants ne souffrent pas autant à cet âge que les adultes, lorsque nous ne pouvons pas leur donner ce que nous souhaitons. Malgré cela, elle s'est révélée être une fille différente.

Elle ne jouait pas avec des poupées ou des jouets de son âge. Elle souhaitait être à l'école avec son frère. Quand j'apprenais à Abraham les tables de multiplication, c'est elle qui les a apprises par cœur, et des choses comme ça. Elle entrait à l'école et tous les enfants pleuraient, elle était calme, encourageant les autres. Elle était remarquable dans tous les domaines. Un jour, j'ai vérifié son cahier, comme je n'avais jamais eu l'habitude de le faire. J'ai été stupéfaite de voir que tous ses travaux et ses feuilles de devoirs portaient des notes de 100, ainsi que de nombreux conseils de ses professeurs tels que «Comme tu es intelligente»; «Continue comme ça et tu vas triompher» ; «tu es un exemple à suivre», etc. J'étais stupéfaite. Je n'étais pas habituée à cela, avec une fille spéciale qui ne savait pas comment prendre un crayon et un fils qui souffrait beaucoup pour apprendre. Et le plus important, elle a appris à prier Dieu avec moi. Elle pleurait en sentant Sa présence et elle me disait : « Maman, pourquoi je pleure comme ça quand je prie ? « Et je lui répondais : «C'est le Saint-Esprit qui te touche «. J'ai senti que Dieu me donnait une récompense avec cette fille si différente et si spéciale. Elle nous a donné beaucoup de satisfaction à l'école primaire :

Elle était toujours dans la liste d'honneur

Elle était porte-drapeau dans l'escorte.

Elle était dans l'orchestre de l'école

Elle représentait son école dans les concours de connaissances.

Elle se distinguait en tout.

À neuf ans, elle a commencé à grossir d'une manière étrange. C'était évident. Elle a pleuré parce qu'elle était victime de harcèlement à la maison. Ses frères avaient l'habitude de dire des mots offensants comme «cochon», «porc», «truie». Tu me rends malade, et en plus, mon mari m'inquiétait parce qu'il lui donnait à manger. Nous avons eu des disputes pour cette situation car elle ne pouvait même pas avoir son repas normal à cause de son poids et de sa morphologie. J'avais l'habitude de prier et de pleurer avec Dieu, et je lui demandais de nous aider.

Un jour, je dormais, et quand je me suis levée, j'ai entendu clairement une voix comme une pensée très forte, sachant que c'était Dieu... qui me disait :

«Si tu ne la traites pas bien, je la prendrai».

Étant une femme qui craint Dieu, et ayant peur de ces pensées si directes qui me donnaient toujours des instructions, j'ai pleuré toute la matinée et j'ai parlé à mon fils et à mon mari quand elle n'était pas là, pour qu'elle n'ait pas peur. Je leur ai demandé de la laisser en paix, car je ne voulais pas que ma fille meure pour aller auprès Dieu. Depuis ce moment, ils ont réagi et ont cessé de nous affliger, elle et moi.

À l'école, certains enfants se sont moqués de sa morphologie et elle s'est défendue en disant :

«Un jour, la petite graisse partira, mais votre bêtise, je ne pense pas qu'elle le fera».

Et avec les résultats scolaires, elle s'est défendue et a été respectée.

Au lycée, elle a remporté la première place durant 3 ans. De plus, ses partenaires de classe l'ont nommée pour une reconnaissance appelée «FELLOWSHIP

CUP» pour être la fille qui avait la meilleure relation d'amitié avec tout le monde à l'école. Une double reconnaissance pour sa vie. Nous avions l'habitude de remercier Dieu pour toutes ces surprises si agréables.

À l'école préparatoire, elle était exceptionnelle, et à l'université, elle a obtenu la première place pendant les quatre années de sa spécialité. Le bureau du président lui a accordé une bourse, et elle a été Présidente de la Société des Étudiants pendant quatre ans.

Il est clairement écrit : «Si tu écoutes ces commandements du Seigneur, ton Dieu, que je te donne aujourd'hui, et si tu les respectes scrupuleusement, le Seigneur fera de toi la tête et non la queue, et tu seras toujours la tête et non queue» (Deutéronome 28:13).

Je sais maintenant que ses promesses s'accomplissent, et sa vie a été couronnée de succès. Il y a juste un domaine dans lequel elle n'a pas eu de chance, l'amour.

Ses amies ont des petits amis depuis qu'elles avaient 15 ans, et elle n'a reçu que des refus de la part de ses amis et des galants. Elle était trop robuste et intelligente pour les filles de son âge. Alors elle faisait office de leur mère. Pendant les périodes d'examen, notre maison était pleine d'enfants, garçons et filles, qui n'avaient recours à elle que pour leur enseigner et leur permettre de réussir leurs examens. Après cela, ils la rejetaient, ne l'invitaient pas aux fêtes. Ils lui mentaient en disant qu'ils n'y allaient pas, et mon fils venait la chercher et lui disait que tous «tes amis» étaient là, alors elle pleurait beaucoup. Un jour, mon mari et moi avons crié à Dieu pour elle, et j'ai senti dans mon cœur ces mots : «Le Seigneur te dit de ne pas mendier l'amour, belle fille. Il t'a réservé un amoureux et c'est un étranger». Elle a été soulagée. Nous aussi, nous l'avons embrassée.

A 20 ans, Dieu a brisé toute la malédiction de manque de petit ami chez ma fille. (L'étranger n'est pas encore venu).

Mais elle était très heureuse. Elle a obtenu son diplôme de BACHELOR OF ARTS IN INTERNATIONAL RELATIONSHIPS. Elle a trouvé un emploi et étudie une maîtrise, qu'elle veut terminer en Europe.

Je sais que Dieu n'accomplit pas les bêtises, mais Il accomplit ses desseins... et ses rêves...

LE SEIGNEUR DIT :

«Je suis le Seigneur, le Dieu de tous les peuples du monde. Y a-t-il quelque chose de trop difficile pour moi ?»

Au milieu d'une pandémie en 2020, il est allé en Italie pour faire une maîtrise internationale.

Une chanson pour ma fille

Ma belle et douce fille

Les choses de la vie
Ma belle et douce fille
Tu n'étais pas dans mes plans
J'ai crié mon malheur
Sans Dieu, j'étais
Je me suis rempli de vanité
Tu as contrarié ma carrière
Tu as rendu mon corps sans forme
Tu es arrivé à un mauvais moment

Selon moi, j'ai décidé
De ma propre vie
Plongé dans la dépression

Jésus est entré dans ma vie
Me donnant la révélation
De toute ma méchanceté
Que dans ses plans
Tu étais déjà là avant
De naître et de me donner
La joie au milieu de
La douleur, car tant de
Souffrances,

Je ne pouvais pas le nier.
Te voir m'a marqué
Tes beaux yeux noirs
Je n'ai pu résister
En plus, sachant
Que tu aurais pu mourir
Je n'ai pas reconnu
Qui j'avais vraiment
Une fille douce
Un cadeau pour ma vie
Chaque jour, tu me donnais une preuve
Que tu n'étais pas de ce monde
Ton bon comportement
Ta grande intelligence
Ton grand engagement envers le Christ
Tu étais si différente
De tous les autres.

Je n'étais pas habituée à
Un don si merveilleux
Tu as changé ma tristesse

En tout le contraire
Et jusqu'à aujourd'hui
Tu continues à le faire
Tout ce que tu inities
Il y a toujours de la bénédiction

Roi Jésus bien-aimé
Pour cela je t'aime tant
Bien que je fusse si mauvais,
Tu as concentré ton attention
Sur cette servante indigne
Ce qu'elle fait seulement
C'est vous servir de l'émotion

Toi, tu es vraiment bon

JE T'AIME, MON JESUS !

6

LA JOIE D'ÊTRE LIBRE

L'OCCULTISME DANS MA VIE GÉNÉRATIONNELLE

La famille de ma mère descend d'une lignée de sorcellerie. La tendance à raconter des histoires de fantômes était pour cette même raison.

J'ai fait des recherches à ce sujet après le décès prématuré de ma mère et une série de décès dans notre famille. Une année, son arrière-grand-mère est décédée ; puis ma mère ; après elle, son plus jeune frère et enfin son deuxième frère. (Sa famille était terminée).

Qui était le suivant maintenant ?

La génération suivante, c'était nous, «LES ENFANTS».

Ma mère meurt à 35 ans. Mes oncles à 50 et 41 ans. Ils étaient dans un âge productif.

Ce qui caractérisait la vie de ma grand-mère et de mon arrière-grand-mère, je l'ai appris par une tante, la plus vieille dame de la famille de ma mère. Mon arrière-grand-mère pratiquait l'occultisme. On disait qu'elle parlait avec les morts ou les fantômes. Elle détenait un domaine qu'elle avait acheté avec un trésor qu'elle avait trouvé. Une autre chose choquante, c'est qu'elle pouvait prier en arrière et en avant pour faire tomber les « hiboux », qui sont les oiseaux que les sorcières sont censées devenir. Elle avait l'habitude de leur ordonner de passer chez elle le lendemain pour chercher du sel, et en fait, les dames apparaissaient en personne puisqu'elles avaient l'habitude d'aller demander du sel en personne. Ma grand-mère guérissait les gens et ma mère nous badigeonnait d'herbes et d'un œuf quand nous étions petits.

Avant de nous marier, nous allions voir une cousine du côté de ma mère, qui était également impliquée dans l'occultisme, et pour nous, elle était notre dieu. À chaque problème qui se présentait, nous allions la voir pour qu'elle nous donne une solution avec des prières et des remèdes.

Un jour, nous avons été invités à une retraite spirituelle de ma dénomination. Lors de cette rencontre, j'ai reconnu que ce n'était pas bien et j'ai demandé à Dieu de me pardonner. Mais je ne savais pas qu'il était nécessaire de faire une délivrance héréditaire.

J'ai découvert tout cela dans Deutéronome 18:9-14 dans la Parole de Dieu.

«Lorsque tu entreras dans le pays que l'Éternel, ton Dieu, te donne, fais bien attention de ne pas imiter les coutumes détestables des nations qui y habitent. Par exemple, ne sacrifie jamais ton fils ou ta fille en holocauste. Que ton peuple ne se livre pas à la cartomancie, à la sorcellerie, à l'interprétation des présages, à la sorcellerie, à l'incantation, à la fonction de voyant ou de médium, à l'invocation des esprits des morts. Quiconque se livre à ces pratiques est détestable aux yeux de l'Éternel. C'est parce que les autres nations ont pratiqué ces choses détestables que l'Éternel, ton Dieu, les chassera avant toi. Mais tu dois être irréprochable devant l'Éternel, ton Dieu. Les nations que vous allez déloger consultent des sorciers et des diseurs de bonne aventure, mais l'Éternel votre Dieu vous interdit de faire de telles choses.»

«Ne vous prosternez pas devant eux et ne les adorez pas, car moi, le Seigneur votre Dieu est un Dieu jaloux qui ne tolère pas que tu donnes ton cœur à d'autres dieux. JE FAIS RETOMBER LES PÉCHÉS

DES PARENTS SUR LEURS ENFANTS ; TOUTE LA FAMILLE DE CEUX QUI ME REJETTENT EST TOUCHÉE, MÊME LES ENFANTS DE LA TROISIÈME ET DE LA QUATRIÈME GÉNÉRATION».

Par conséquent, j'ai été libéré de toute malédiction héréditaire de sorcellerie et d'occultisme ainsi que mes enfants, petits-enfants et arrière-petits-enfants lors d'une réunion de dirigeants à Houston, TX.

Il est important de connaître notre histoire et notre pré-histoire. Il y a des familles avec tant de disgrâces, et nous ne comprenons pas pourquoi il y a des échecs, des maladies, la ruine, des décès, etc.

Je souhaite de tout cœur que toutes ces expériences puissent contribuer à vous libérer et à offrir un meilleur avenir à vos proches.

C'est comme acheter un billet pour que nos enfants soient heureux.

CAR SI NOUS NE CONFESSONS PAS VOS PÉCHÉS CACHÉS ET VOS MALÉDICTIONS HÉRÉDITAIRES, NOS ENFANTS CONTINUERONT À VIVRE AVEC CES MALÉDICTIONS.

S'il y a eu abandon dans vos générations, vous risquez de souffrir d'abandon et vos proches aussi.

C'est pour cette raison qu'il y a beaucoup de divorces dans le monde.

Ma grand-mère a divorcé de mon grand-père à cause de son adultère, et ma mère et ses petits frères ont été abandonnés par eux dans leur enfance. Ils ont vécu avec plusieurs parents. C'est pourquoi ma vie a été marquée par beaucoup d'abandons. Les chansons écrites par José-José que j'ai le plus aimées pendant ma jeunesse traitaient beaucoup de l'abandon.

«Si tu pars maintenant»

«Comme tout le monde dit que je suis triste».

«Ne me dis pas que tu t'en vas».

S'il y a eu des violations, nos enfants vont être violés, et ça me terrifie. Nous devons couvrir nos enfants.

Si vos parents ont commis des immoralités sexuelles comme l'adultère, la fornication, etc, votre future génération paiera cette facture et deux fois.

David a commis l'adultère avec une femme... son enfant Salomon a péché davantage. Il avait 700 femmes et 300 concubines en plus il adorait d'autres dieux. (1 Roi 11:3)

« Regarde, aujourd'hui, je te donne le choix entre une bénédiction et une malédiction ! Bénédiction, si tu obéis aux commandements que moi, le Seigneur ton Dieu, Je te donne ; malédiction, si tu désobéis aux commandements du Seigneur ton Dieu, si tu te détournes de la voie que Je te commande de suivre, et si tu vas après des dieux que tu n'as jamais connus auparavant». (Deutéronome 11:26-28).

Dans un livre sur la guérison intergénérationnelle, Dieu m'a révélé qu'après un avortement, notre utérus reste avec une malédiction, et le deuxième enfant qui occupe cet utérus, la reçoit. Ma fille Samantha était celle qui occupait mon utérus après ce péché.

Après que Dieu ait révélé par la puissance de son Saint-Esprit une autre malédiction à travers les noms que nous donnons à nos enfants. J'ai découvert que le nom Samantha a été porté par la première sorcière de Salem, qui a été brûlée dans le bûcher au 17ème siècle. D'ailleurs pour honorer son nom, il existe une sitcom sur une sorcière qui bouge son nez, appelée Bewitched. Nous avons tous ri de sa méchanceté. Mais la sorcellerie est réelle. J'ai demandé à Dieu de me pardonner pour mon ignorance et j'ai couvert ma fille de son précieux sang. Le plus merveilleux est que Dieu nous a baptisés avec d'autres noms et ma fille était joyeuse de recevoir un nouveau nom du Seigneur.

«PERLE DE JESUS».

PRIÈRE

Guérison intergénérationnelle

Père céleste :

Aujourd'hui je viens devant toi pour te demander le pardon de tous les péchés commis par mes ancêtres dans toutes mes générations passées et je romps avec tout autre pacte fait consciemment ou inconsciemment avec l'occultisme et la sorcellerie. Je coupe tout adultère, abus sexuel, vices, divorces, célibat, infertilité, cancer, tumeurs, sida, crise cardiaque, diabète et autre type de maladie et tout autre péché abominable dans ma lignée générationnelle et dans ma propre vie. Aujourd'hui, je te reconnais comme mon seul Dieu et Sauveur et je reçois tes bénédictions. A partir de maintenant, mes générations futures seront bénies à travers moi et la décision de te suivre...

Au nom de Jésus. Amen.

«Si tu obéis au Seigneur ton Dieu en tout et si tu observes soigneusement tous ses commandements que je te donne aujourd'hui, le Seigneur ton Dieu te placera bien au-dessus de toutes les nations de la terre». Si tu obéis au Seigneur ton Dieu, tu recevras les bénédictions suivantes :

Vos villes et vos champs seront bénis
Vos enfants et vos récoltes seront bénis
La progéniture de tes troupeaux et

ton cheptel sera béni
Vos corbeilles à fruits et
planches à pain
seront bénies
Où que vous alliez et quoi que
vous fassiez,
vous serez bénis.

« L'Éternel te donnera la victoire sur tes ennemis lorsqu'ils t'attaqueront. Ils sortirons contre toi par un seul chemin et ils se disperseront devant toi par sept chemins.

«Le Seigneur garantira une bénédiction sur tout ce que tu feras et remplira tes entrepôts de grains. Le Seigneur ton Dieu te bénira dans le pays qu'il te donne.

«Si tu obéis aux commandements de l'Éternel, ton Dieu, et si tu marches dans ses voies, l'Éternel t'établira comme son peuple saint, comme il a juré de le faire. Alors toutes les nations du monde verront que tu es un peuple appelé du nom de l'Éternel et elles te craindront.

«Le Seigneur vous donnera la prospérité dans le pays qu'il a juré à vos ancêtres de donner, il vous bénira en vous donnant de nombreux enfants, un grand nombre de bêtes et des récoltes abondantes.

Le Seigneur enverra la pluie au moment voulu de son trésor infini dans le ciel et bénira tout le travail que vous ferez. Tu prêteras à de nombreuses nations, mais tu n'auras jamais besoin de leur emprunter.

(Deutéronome 28:1-12)

7

LA JOIE D'ACCEPTER UNE FILLE À BESOINS SPÉCIAUX

J'ai connu la joie d'être mère et la douleur de voir ma première fille grandir différemment des autres. Son enfance était tout à fait normale jusqu'à l'âge de quatre ans, après qu'elle ait subi sa première convulsion. Elle a cessé de s'intéresser à l'apprentissage. Elle n'avait pas la capacité de prendre un crayon pour écrire. Je n'avais aucune idée de ce qui se passait dans sa vie. Personne ne m'a dit qu'à cause de cette maladie, elle allait souffrir d'une déficience intellectuelle. Même les médecins ne l'ont pas fait. Elle était très hyperactive et nous avons vécu beaucoup d'angoisses, de dangers lorsque nous sortions avec elle, comme par exemple lâcher ma main et se faire renverser par une voiture, se perdre dans les magasins, et subissant une agonie lorsque je n'arrivais pas à la retrouver. Un jour, un ami l'a sortie des toilettes pour hommes.

J'étais toujours stressé car je travaillais et, en plus, j'avais des problèmes conjugaux ; et à cause de mon ignorance, j'ai été vraiment grossier avec elle, et je l'ai maltraitée verbalement et physiquement. J'ai décidé de ne plus sortir. Je préférais ne plus fréquenter les gens et ne plus aller nulle part car je ne supportais plus de voir les gens la considérer comme quelque chose de rare, et à juste titre, elle était différente. Je continue à avoir l'impression que Dieu nous punissait, et cela me rendait très malheureuse. Quand elle a eu 8 ans, j'ai décidé de donner ma vie, mes enfants, mes problèmes et mes souffrances au Christ, et quelque chose s'est produit. D'abord, j'ai cessé d'être stressée. Je me suis sentie en paix et j'ai commencé à être patiente avec elle.

Finalement, une amie m'a donné un poème sur un père qui avait une fille spéciale. Sa lecture a touché mon âme. Comme mes pensées ont commencé à changer, ce qui pour moi était une punition, maintenant j'ai compris que c'était un cadeau de Dieu. Que nous avons été choisis pour être les parents de ce petit ange. Que mon mari et moi avons été transformés pour avoir le caractère et la force d'être capables de l'accepter, de la comprendre et de l'aimer tel que Dieu nous l'a envoyée comme «un combo». Ce n'était pas seulement pour nous, mais aussi pour mes enfants qui avaient honte, en particulier, mon deuxième fils Abraham, qui n'invitait pas de petits amis à la maison parce qu'ils avaient une petite sœur différente des autres. Je me suis souvenue que des partenaires de l'école lui ont rendu une visite surprise. Il était si inquiet qu'il s'est mis à crier sur sa petite sœur, folle ! Folle ! Il l'a fait avant que les autres ne se moquent d'elle. Seul Dieu pouvait transformer leur cœur et leur donner un grand amour pour elle. Nous prenons soin d'elle comme de quelque chose de très précieux, fragile et beau. Nous ressentons simplement de la gratitude pour cette grande bénédiction.

Il y a deux ans, une situation grave est arrivée à ma fille Samantha. Elle a commencé à avoir des convulsions toutes les vingt minutes pendant toute la nuit et toute la journée. Elle était très faible ; elle ne pouvait ni marcher ni parler. Pendant de nombreuses années, elle n'avait pas été aussi malade, ni lors de sa première maladie, ni dans son enfance. Le maximum de convulsions qu'elle avait par jour était une maladie. Depuis que j'ai rencontré Jésus, je lui ai tout donné : ma vie, ma famille, les maladies, etc.

Je me suis reposée sur lui, et lui ai donné le contrôle de tout. Maintenant, je ne comprenais pas ce qui se passait avec ma fille. J'ai prié et je lui ai demandé de me dire «pourquoi» cela se passait, et il m'a répondu dans mon cœur par trois questions :

1. Silvia, est-ce que tu m'aimes ? Et moi, comme Pierre, j'ai dit. «Seigneur, tu sais tout, et tu sais que je t'aime». Et il me répond : «M'aimes-tu plus que tu n'aimes Samantha ?» Et vous savez, j'ai tremblé là ! Parce que quelques jours auparavant, j'observais ma fille, et j'ai senti tant d'amour pour elle que je me suis posé une question. Est-ce que je vais l'aimer plus que Dieu ? Non, non, Seigneur, tu es le premier dans ma vie, mais Dieu qui sait tout posait la question parce qu'il le savait déjà. Alors, j'ai reconnu ma faiblesse. Je lui ai demandé pardon et je lui ai dit : «Aide-moi seulement à t'aimer avant de l'aimer, elle. Je ne veux pas t'offenser mon Seigneur».

2. Es-tu prêt à donner ta vie pour elle ? Et je lui ai répondu. «Bien sûr, Seigneur, je le suis. Quelle mère ne serait pas prête à donner sa vie pour un enfant ? Je te demande seulement de la guérir totalement, et de laisser son corps entier complet, afin qu'elle ne souffre avec personne». Plus tard, il a gardé le silence pendant toute la matinée. Il n'a pas répondu, peu importe ce que je lui ai dit. J'ai consulté la Bible pour obtenir une réponse, et je n'ai rien obtenu. J'ai écouté l'enregistrement d'une conférence d'un leader de la communauté nicaraguayenne sur mon téléphone portable, et je me suis endormi. Je me réveille tôt et j'écoute la conférence qui me dit :

3. Es-tu prêt à donner ta fille en sacrifice comme Abraham l'a fait par amour pour mon nom ? Vous savez. Je me suis penché, j'ai pleuré et j'ai dit : «Vas-tu la prendre maintenant, mon Seigneur ? Merci de m'avoir laissé profiter d'elle pendant ces 20 annés, et cela va me faire beaucoup de mal, mais elle est à toi. Tu me l'as donnée et je te la donne totalement. Merci Seigneur», et il m'a répondu : «un triple cordon». Nous étions en train de chercher un hôpital pour la prendre. Sa tante, qui est médecin, est venue la voir et lui a dit qu'elle avait besoin d'aide.

Sa tante, qui est médecin, est venue la voir et nous a dit : «si vous ne la placez pas immédiatement à l'hôpital, elle peut faire un arrêt cardiaque ou une attaque car elle est très faible». J'ai parlé avec ma famille. J'ai dit à mon mari et à mes enfants ce que j'avais dit à Jésus, et je ne savais pas que ma fille allait partir maintenant, et qu'ils devaient la donner aussi et que sa volonté serait faite.

Ils ont pleuré et Dieu m'a révélé que le triple cordon était la prière d'une famille, que notre prière n'était pas renforcée. Chacun priait de son côté, alors nous devions le faire en famille. Elle était à l'hôpital, les convulsions ont été contrôlées pendant quelques heures, et elle a eu de nouveau des convulsions jusqu'à ce que les neurologues nous disent qu'ils devaient la déconnecter totalement comme un ordinateur et la réinitialiser à nouveau. Ils l'ont induite dans un coma. Elle est restée 16 jours à l'hôpital. Ils lui ont fait passer des tests dans tout le corps, beaucoup de nuits sans sommeil. Mais nous avons eu beaucoup de paix. Nous avons prié ensemble tous ces jours et mon fils a éclaté en sanglots et a dit. «Seigneur, ne la prends pas. Je pensais que je voulais une voiture et des vêtements de marque, de pures bêtises. Je ne veux rien, juste ma sœur. Ne la prends pas, s'il te plaît».

Honnêtement, nous avons tous pleuré parce que nous ne savions pas qu'il portait tout cela dans son cœur. Alors nous avons découvert ses intentions. Il faisait réagir mon fils, il avait de mauvaises pensées qui rendaient son existence amère.

Après dix jours de débranchement, elle a été rebranchée et nous avons eu de nouveau peur parce qu'elle avait une pneumonie, parce que les tubes l'avaient endommagée à l'intérieur. Sa tante nous a dit de ne pas nous inquiéter, que c'était normal et que l'infection serait éliminée avec des médicaments.

LE PLUS GRAND MIRACLE QUE LES NEUROLOGUES N'ONT PAS COMPRIS EST UNE CHOSE QUI S'EST PRODUITE. SON CERVEAU AURAIT DÛ ÊTRE ENDOMMAGÉ À CAUSE DE TANT DE CONVULSIONS DEPUIS SON ENFANCE JUSQU'À CES JOURS-LÀ, ET

LA RÉSONANCE MAGNÉTIQUE A MONTRÉ QU'ELLE AVAIT UN CERVEAU NORMAL COMME CHACUN D'ENTRE NOUS.

Ils voulaient faire plus de tests parce qu'ils ne comprenaient pas. Nous savons que c'était juste une preuve de plus de la FOI, et pouvoir voir sa puissance se manifester dans ce CERVEAU POUR DONNER TOUTE LA RECONNAISSANCE À DIEU. Nous l'avons ramenée à la maison. Elle ne marchait pas, ne parlait pas et ne mangeait pas. Après quelques jours, elle a commencé à faire quelques petits pas, à parler petit à petit et à manger lentement. Sa peau est devenue toute neuve. L'obscurité sous les yeux qu'elle avait depuis qu'elle était petite fille a disparu. Elle a grandi de quelques centimètres, et ses os se sont remplis de chair alors qu'elle avait une étrange minceur. Elle est devenue super intelligente. MAINTENANT ELLE EST BELLE ET PLEINE DE VIE. Elle est toujours sous traitement car les médecins disent qu'elle avait une très petite dose de médicament dans le cerveau et que c'est pour cela qu'elle a eu des convulsions.

Nous savons qu'une seule feuille d'arbre ne bouge pas sans la volonté de Dieu. Et nous la déclarons spirituellement guérie à 100%. Elle est physiquement guérie à 99%, et nous savons que Dieu ne fait pas les choses à moitié, nous attendons ce 1% de sa guérison totale. Nous RENDONS grâce à Dieu pour son immense miséricorde envers nous et notre fille.

Pour cela et bien plus encore, j'ai composé une chanson pour ma belle fille Sam.

«Ange du ciel»

C'est si merveilleux
D'avoir Dieu avec soi
On le voit partout
Que rien ne soit dit dans le vôtre
Dieu m'a fait l'honneur
D'une si noble cause
D'être la mère d'un ange
Qui a donné un foyer lumineux
Il n'en a pas toujours été ainsi
Je pleurais mon malheur
Je me sentais coupable
Pour une telle imperfection

Cherchant une solution
Sans trouver de réponse
Nous avons dû te chercher
Il ne restait rien
Juste regarder le ciel
Supplier de l'aide
Sans attendre
Tes réponses sont arrivées
Me donnant des indications
Que c'était juste un cadeau
Qu'il nous a envoyé
A travers elle
Il a nettoyé notre cœur

Comme il était sale
Autre chose qu'il a montré
Dans nos faiblesses
Sa puissance se manifeste
Que c'était juste un marché
Avec notre cœur
Qu'à travers lui
Il nous donnerait le salut
C'est si merveilleux d'avoir Dieu avec soi
On le voit partout, qu'on ne vous le dise pas
Dans le vôtre.

PERLE PRÉCIEUSE DE JÉSUS

NOUS T'AIMONS, SEIGNEUR !

8

LA JOIE DE POUVOIR AIDER

J'ai soutenu tous mes frères et sœurs dans la mesure de mes moyens, surtout les petites femmes. Je leur ai donné leurs études. J'ai financé des études professionnelles pour obtenir un diplôme de secrétaire. Grâce à mes relations, je les ai placées dans différentes banques.

Ma sœur Norma est la quatrième de mes neuf frères et sœurs. Nous nous sommes toujours bien entendus. Elle a été la première à obtenir son diplôme de secrétaire, elle n'avait que 15 ans. Elle est petite et j'ai fait la terrible erreur d'obtenir un certificat de naissance indiquant qu'elle avait 18 ans, juste pour qu'elle travaille et m'aide à devancer mes petits frères et sœurs. Je lui ai fait porter des chaussures à talons hauts, avec du maquillage, pour qu'ils croient qu'elle avait cet âge (elle pouvait à peine marcher).

Et comme on récolte ce qu'on sème, j'ai payé très cher cette erreur en la jetant dans «la gueule du loup». Elle était vraiment bien faite. Les hommes mûrs ont commencé à s'en prendre à elle. Des fêtes préparées par des clients pour les employés de la banque sont apparues, et ils ont offert des boissons. Elle avait l'habitude de rentrer très tard. Elle est devenue une personne très sociable. Ensuite, elle a acheté une voiture et je ne savais pas où elle allait.

À cette époque, des femmes avaient été violées dans ma région et une fille venait d'être retrouvée maltraitée et noyée. Je n'en pouvais plus de cette inquiétude, et j'ai parlé avec Dieu à ma façon, et j'ai dit que je lui avais confié cette fille, pour qu'il prenne soin d'elle et que je devais être en paix et avoir confiance en Lui.

Dieu merci, il ne lui est rien arrivé de mal. Quand elle avait 25 ans, elle a fait une erreur, en ayant des relations avec un ami, qui n'était pas son petit ami. Elle est tombée enceinte, et honnêtement, je la respecte à ce jour pour «son courage» car elle ne s'est pas souciée de ce que les autres pouvaient dire, et étant une femme célibataire, elle a eu son enfant Bryan. Elle a été un grand exemple pour ma vie. Elle a compté sur le soutien de toute notre famille pour avoir son enfant.

J'ai entendu le témoignage d'un homme d'affaires qui m'a marqué car il était le fils d'une mère célibataire.

À cette époque, la question des mères célibataires était plus accentuée, et il a raconté comment il avait été humilié par la famille de sa mère depuis qu'il était enfant. Ils le brutalisaient à l'école parce que sa mère lui donnait ses noms de famille et que son père ne voulait pas le reconnaître, comme cela est arrivé à ma sœur avec le père de son enfant.

Depuis la naissance de Bryan, nous l'avons aimé dans ma famille car il a souvent vécu avec mes enfants. J'ai demandé à ma sœur et à mon mari de lui donner son nom de famille, afin qu'il ne souffre pas « d'un seul nom de famille «, et tous deux ont accepté. Bryan porte le même nom de famille que mes enfants. Pendant ce temps, ma sœur a donné sa vie en Jésus au FGBMFI, et en même temps, elle avait déjà des plans pour aller aux Etats-Unis, travailler et revenir pour reconstruire la maison de ma mère et y vivre avec son petit fils. Elle est partie et elle est revenue rapidement. Le garçon avait déjà environ 3 ans et je lui ai dit : «Tu devrais recommencer ta vie, tu es trop jeune. Cherche un père pour le garçon maintenant qu'il est petit. Il pourrait aimer quelqu'un comme son père». Ma sœur a répondu que c'était dans ses projets. Elle consacrait trop de temps à son petit garçon et à son travail, et elle l'avait oubliée.

Alors mes amis et moi au FGBMFI avons commencé à prier pour que quelqu'un vienne dans sa vie, un homme bon et travailleur, et qui l'aime elle et son enfant, et Dieu a rapidement exaucé. Environ sept mois plus tard, son galant Jim est arrivé. C'était un homme très travailleur, tout comme nous l'avions demandé à Dieu.

Il l'a très bien traitée, ainsi que son fils, et l'a demandée en mariage. Ils se sont donc mariés. Il était divorcé et avait plusieurs enfants. Cela n'avait pas d'importance car elle avait les siens. Ils ont fait un bon mariage. Il s'entendait très bien avec son fils, et tout allait bien jusqu'à ce qu'elle tombe à nouveau enceinte. Mon neveu s'est senti déplacé, en plus il est entré dans l'adolescence, et il s'est rebellé au point de commettre des méfaits.

Il a été envoyé dans un camp d'entraînement où il se comportait très bien pour revenir chez sa maman le week-end. Lorsqu'il rentrait, ma sœur qui avait des problèmes avec son mari lui a dit qu'il ne pouvait pas le recevoir. Ma sœur m'a appelé pour me dire que son fils était retourné au camp d'entraînement, et qu'elle avait été appelée et qu'on lui avait dit que son fils avait pleuré toute la nuit, avec beaucoup de douleur. Ensuite, il a appelé sa mère pour lui dire au revoir car il allait s'échapper de là.

J'ai prié Dieu pour lui, et je n'ai pas pu dormir de toute la nuit. Il m'a révélé qu'il allait se suicider, qu'il disait au revoir à sa mère et qu'il allait fuir la vie parce que sa mère lui avait tourné le dos. J'ai pleuré intensément pour lui. J'ai demandé à mon mari d'appeler pour savoir s'il allait bien. Mon mari a appelé et on lui a dit qu'il était en cours et qu'il pouvait rappeler dans dix minutes.

On lui a demandé qui l'avait appelé et mon mari a répondu : «Son père du Mexique». Après un certain temps, on a rappelé et il a répondu très joyeusement. Je pense qu'il pensait que c'était son père biologique, et mon mari lui dit : «Je suis ton oncle, mon fils», mais je suis légalement ton père au Mexique.

Il était heureux parce que tous ses amis et ses professeurs étaient très impressionnés par l'appel de son «père» pour la première fois. Mon mari lui dit : «Ta tante Silvia est très inquiète pour toi et veut te parler. Il me passa alors le téléphone et je lui dis : «Mon fils, nous voulons t'aider. Nous sommes ta famille, tu n'es pas seul. Il y a une maison pour toi ici. Nous t'aimons». Il a dit qu'il ne pouvait pas, qu'il avait une piste, qu'il ne serait peut-être pas autorisé à quitter le pays, etc. «S'il vous plaît, laissez-vous aider». Et mon mari a pris le téléphone et lui a dit «tu veux de l'aide ou tu n'en veux pas, alors on ne va pas perdre de temps avec cet appel !». Et il a répondu oui. Il voulait venir chez nous.

Mon mari s'est rendu à la citation avec le juge, et nous avons prié pour qu'il puisse être autorisé à quitter le pays. Dieu a répondu sans tarder. Le juge a statué en sa faveur. Ses professeurs l'ont soutenu pour sa bonne conduite, et mon mari l'a amené pour partir avec nous pendant un an. A la maison, nous l'avons traité dignement. Il est arrivé comme un «cholo», avec des tatouages, le crâne rasé, et des vêtements XXL. Nous lui avons acheté des vêtements pour bien s'habiller.

Il avait une bonne coupe de cheveux, et il est très bien éduqué, nous n'avions pas tant de problèmes. Juste un jour où il est monté sur le toit avec un ami de mon fils, et nous avons eu peur. Nous avons pensé qu'il entrait par effraction, alors mon mari lui a fait une forte réprimande. Après cette réprimande, il pleurait en se repentant avec moi, et il a apporté avec lui une serviette avec une tache de sang, et a vu des coupures dans ses poignets. J'ai eu peur et j'ai commencé à prier pour annuler tout esprit de suicide.

Nous lui avons donné beaucoup d'amour et d'aide spirituelle. Un jour, je l'ai interrogé sur la fois où nous l'avons appelé quand Dieu m'a révélé qu'il allait mettre fin à ses jours. Il m'a confirmé qu'il l'avait fait. Il a pris un flacon de pilules, mais il n'est pas mort. Ils lui ont juste enlevé ses forces, et il n'a pas pu se lever, et il a demandé pardon à Dieu pour avoir tenté de le faire.

NOUS LUI AVONS PRÉSENTÉ SON PÈRE, QUI NE FAILLIT JAMAIS, NOTRE SEIGNEUR JESUS CHRIST, ET IL A DONNÉ SA VIE ET SES PROJETS EN LUI. IL EST REVENU INTÉRIEUREMENT RESTAURÉ, SACHANT QU'IL EST TRÈS DIGNE ET QU'IL A UNE FAMILLE QUI L'AIME.

J'ai parlé à ma sœur, et j'ai demandé pardon à son fils pour avoir refusé de le recevoir.

Elle est venue le chercher, et en arrivant, il a demandé pardon au mari de ma sœur. Et sa relation avec eux a été restaurée.

MAINTENANT, C'EST UN BON JEUNE HOMME, DÉSIREUX DE RÉUSSIR DANS TOUT CE QU'IL ENTREPREND. NOUS REMERCIONS DIEU D'ÊTRE DES INSTRUMENTS DE SON AMOUR POUR LES AUTRES.

« Car j'ai eu faim, et tu m'as donné à manger ; j'ai eu soif, et tu m'as donné

Car j'avais faim, et vous m'avez donné à manger ; j'avais soif, et vous m'avez donné à boire ; j'étais un étranger, et vous m'avez accueilli ; j'avais besoin de vêtements, et vous m'en avez donné ; j'étais malade, et vous m'avez soigné ; j'étais en prison, et vous m'avez rendu visite. (Matthieu 25:35-36)

9

LA JOIE AVANT LA MORT

MON PÈRE

Après avoir pardonné à mon père et à sa femme, j'ai eu la joie d'avoir une belle relation familiale. J'étais toujours à ses côtés à chaque instant, veillant à ses besoins et à sa santé. Je lui rendais visite très souvent. J'ai essayé de lui parler de Dieu, et il a commencé à me rejeter. Mon mari m'a dit de garder le silence et de ne pas le déranger. Alors j'ai gardé le silence sur ce sujet. Un jour, il s'est blessé à la main et s'est fait mal. Ma fille Pamela, qui avait juste 5 ans, lui a suggéré de dire une prière pour sa guérison. Il ne l'a pas rejetée car cela lui semblait quelque chose de très doux pour une si petite fille. La semaine suivante, lorsque nous lui avons rendu visite, il était tellement étonné que sa main était complètement guérie.

Quand on se tait, Dieu se sert des enfants. Après avoir vu ce qui s'était passé, il a commencé à me poser des questions sur Dieu et sa Parole jusqu'à ce qu'il soit prêt à ouvrir son cœur et à accepter Jésus comme le maître de sa vie.

Il y a quatre ans, des situations très douloureuses se sont produites dans ma famille. Un jour, on m'a appelé pour me dire que mon père était gravement malade à l'hôpital. Il avait subi un infarctus du foie dû à une cirrhose chronique et il lui restait peu de temps à vivre. En tant que femme de foi, j'étais très forte, mais soudain, j'ai commencé à me visualiser en deuil, à voir l'enterrement, et je me suis mise à pleurer comme une petite fille. Soudain, j'ai senti une pensée très forte de Dieu qui me disait : «Essuie tes larmes, ton père n'est pas mort. Même Lazare qui était mort, après trois jours, je l'ai ressuscité. Penses-tu que je ne peux pas ressusciter ton père ?» J'ai immédiatement essuyé mes larmes. J'ai arrêté de pleurer en croyant que ce que j'avais reçu en pensée, d'une manière très forte, c'était Dieu.

Le lendemain, je suis allée à l'hôpital. Il se trouvait à trois heures de mon lieu de résidence. Tous mes frères des États-Unis étaient déjà là. Je suis entré dans la chambre d'hôpital, et ce que j'ai vu m'a terrifié. Il était si gravement malade que j'avais envie de pleurer. On dirait qu'il était mort. Sa peau était pâle et sans vie, mais je me suis retenu et je me suis souvenu de ce que j'avais ressenti de la part de Dieu ; ces paroles qui m'ont donné de l'espoir.

J'ai prié et annulé tout esprit de mort et déclaré la vie sur son corps inconscient, et j'ai demandé à Dieu de nouveaux organes au nom de Jésus en reconnaissant qu'il a le pouvoir de rendre toute chose nouvelle. En outre, je lui ai demandé de donner à mon père une vie plus longue comme le roi Ézéchias l'a raconté dans la Bible et pour tout le temps que nous avons consacré à son service, mon père obtiendra la guérison. Ce jour-là, rien ne s'est passé, les médecins sont arrivés et ont confirmé le diagnostic, il était en train de mourir. Je ne l'ai pas accepté en moi et j'ai déclaré la vie.

Le lendemain, il a continué sans réagir, et j'ai continué à croire en ces mots et à lui lire la Bible. Dans l'après-midi, il commence soudain à se plaindre et je lui demande. Comment vas-tu, papa ? Et il répond : «Assez mal». J'étais très heureux car il parlait très faiblement. Mais à chaque question que je lui posais, il y répondait. Le lendemain, il avait déjà ouvert les yeux et voulait aller aux toilettes, ce qu'il ne pouvait pas faire bien sûr. Le troisième jour, il avait déjà une belle couleur sur les joues, il était assis et demandait quelque chose à manger, et je lui ai dit, «votre «nourriture est dans le sérum qu'on vous donne.

Le quatrième jour, il prenait déjà du bouillon de poulet et marchait pour aller aux toilettes. Juste après, les médecins ont commencé à faire des tests car ils ne savaient pas ce qui s'était passé avec le patient mourant. Je suis rentré chez moi, sûr que DIEU A FAIT SON MIRACLE comme celui de Lazare.

Il a donc vécu deux précieuses années et en bonne santé.

2012 a été une année très difficile dans ma vie. Au mois de janvier, on m'informa qu'il était tombé et qu'il s'était cassé une jambe. Il est revenu à l'hôpital et dans un mois il devait être opéré. Sur décision du Conseil, il a été renvoyé parce que son sang ne coagulait pas, et il ne pourrait pas résister à l'opération. Il est resté comme ça pendant plus de trois mois, avec trois tentatives d'opération, jusqu'à ce qu'on nous dise que s'il se faisait opérer, il allait mourir sur place. Il valait mieux l'emmener à la maison et nous aurions plus de temps pour lui. Ainsi, en mai de la même année, il est devenu faible et ne voulait pas manger et tout le dérangeait. J'ai été appelée pour aller le voir, et cette nuit-là, j'ai parlé à Dieu, et j'ai ressenti la plus profonde douleur de savoir qu'il n'allait pas lui donner plus de temps. C'était son heure de partir. Nous l'avons aidé avec des médecins et des médicaments, mais il n'a plus réagi.

Le jour où il agonisait, je devais servir une conférence sur les principes et les valeurs aux États-Unis. Alors je suis restée avec lui tout le temps. J'ai dit à mes frères et sœurs de lui dire au revoir. S'il était nécessaire de pardonner ou de demander pardon, c'était le bon moment. Je l'ai fait aussi et je lui ai demandé de ne pas avoir peur. J'ai lu pour lui à propos de l'endroit où il était destiné selon la Bible. Il était entouré de tous ses enfants, petits-enfants et proches, et je lui ai dit, papa, si tu pouvais voir comment nous sommes ici, autant de personnes venues te dire au revoir.

La Bible dit que le moment de dire au revoir est meilleur que celui de l'anniversaire, parce que quand tu nais, tu viens ici pour souffrir et quand tu retournes auprès de DIEU, tu jouis de la VIE ÉTERNELLE ; là où tu vas, il n'y a pas de maladie, tu vas être jeune et en bonne santé, sans soucis. Tu mérites cet adieu parce que tu étais bon, père, malgré tes erreurs. Tu mérites cet adieu, avec tous ceux qui t'aiment et remercie Dieu pour ce privilège car beaucoup meurent seuls dans une maison de retraite, et toi tu as une bonne compagnie». Nous l'avons tous embrassé, et nous avons dit ces mots à mes frères :

Un jour, Jésus dit à un jeune homme de le suivre dans son service.

L'homme accepta, mais il dit :

«Seigneur, laisse-moi d'abord retourner chez moi et je vais enterrer mon père».

JESUS RÉPOND :

Laisse les morts enterrer leurs propres morts, mais toi, va annoncer le Royaume de Dieu.

PUIS IL INVITA UNE AUTRE PERSONNE :

Je te suivrai, Seigneur, mais laisse-moi d'abord dire adieu à ma famille.

JÉSUS RÉPONDIT :

Quiconque met les mains à la charrue et regarde en arrière n'est pas fait pour le Royaume de Dieu.

Je dis à mes frères : vous n'êtes pas morts, vous connaissez déjà Jésus. Je vais le servir et donner cette conférence. Avant de partir, j'ai crié d'une voix forte...

SEIGNEUR JESUS, RESSUSCITE-LE OU PRENDS-LE AVEC TOI !

TU L'AS RESSUSCITÉ UNE FOIS. JE SAIS QUE TU PEUX LE FAIRE À NOUVEAU !

Je suis partie, et quand j'étais à mi-chemin, ma sœur m'a appelée pour me dire qu'il y a vingt minutes, mon père venait de partir. Je lui ai dit, petite sœur, ne pleure pas, DIEU A RÉPONDU À MA PRIÈRE. IL A DÉCIDÉ QU'IL DEVAIT ÊTRE AVEC LUI.

IL S'EST DÉJÀ REPOSÉ DE SON AGONIE ET DE SA SOUFFRANCE. NOUS ALLONS NOUS REPOSER DE LE VOIR SOUFFRIR. IL NE PEUT Y AVOIR LE MOINDRE DOUTE POUR MOI, JESUS EST VENU POUR LUI...

Une PAIX SURNATURELLE s'est emparée de moi et j'ai commencé à chanter Dieu en le remerciant de m'avoir donné un père si merveilleux, de l'avoir laissé vivre 76 ans dans ce monde et d'avoir été là pour lui jusqu'au dernier moment.

J'en ai fait part à la conférence ; mes amis n'arrivaient pas à croire que j'étais si calme et soulagée. Je pense qu'ils étaient plus affectés par la nouvelle, et surtout, de me voir travailler pour Dieu.

Je suis rentré chez moi le soir. Je l'ai cherché dans les chambres funéraires, et il avait l'air si gentil comme s'il dormait avec une telle paix, avec sa chemise noire aux petites rosettes ; car il aimait beaucoup les poulets, les poules et les rosettes. C'est là que j'ai manifesté mon affection. À l'église, ma sœur et ma belle-mère se sont pardonnées l'une l'autre.

COMME DIEU EST BON, IL TRAVAILLE À NOTRE RÉCONCILIATION MÊME DANS CES CIRCOSTANCES PAREILLES.

Un conseil pour toute personne qui a perdu un être cher : il n'est pas bon de parler avec lui. C'est un besoin de les laisser se reposer. J'ai écouté l'histoire d'un leader spirituel, qui m'a laissé un grand enseignement.

«Son père est mort et il n'a pas pu l'oublier. Il lui manquait et il avait l'habitude de lui parler à chaque instant, tout en sachant que c'était mauvais. Un jour, il a décidé de ne pas se faire plus de mal, et a demandé à Dieu le pardon de l'avoir retenu, et il a dit : «Je le remets dans tes bras, Seigneur. Il n'appartient plus à ce monde. Soudain, la porte de sa chambre s'ouvre, et c'est son père qui lui dit : «Merci mon fils de m'avoir laissé partir.

J'ai mis une photo de mon père sur l'écran de mon ordinateur après sa mort. Chaque fois que je l'allumais, j'avais l'habitude de lui parler et de lui exprimer mon affection. Après ce message, j'ai compris que je devais le laisser reposer.

Ma belle-mère

Ma grande amie ; depuis que je suis devenue la petite amie de son fils, elle m'a très bien traitée. Elle m'admirait beaucoup pour le courage que Dieu m'avait donné pour supporter la souffrance. Alors depuis ce moment-là, elle a réprimandé mon mari de ne pas me laisser perdre de temps s'il ne pensait pas à quelque chose de sérieux avec moi.

C'était une femme admirable, au caractère fort, mais très positive. C'était une guerrière pour sa famille, une femme très travailleuse qui aidait sa famille à surmonter toutes les situations. Elle était très généreuse. Elle a pris sa retraite en tant qu'infirmière, et les gens l'aiment pour son soutien et sa génerosité. Elle prenait le temps d'être avec ses enfants et petits-enfants. Elle a été mon grand soutien à la naissance de ma fille Sam. Elle avait même l'habitude de se rendre responsable de la maladie de ma fille pour tous les péchés qu'elle avait commis dans sa vie. Cela la faisait souffrir qu'elle tombe malade et que les gens soient si cruels en regardant sa petite-fille d'un mauvais œil. Elle n'arrivait pas à surmonter cela. Je lui demandais de ne pas s'inquiéter et de les bénir. Quant à ses erreurs, je l'encourageais en lui disant toujours que «Dieu lui avait déjà pardonné, et que si ses péchés étaient rouges comme du cramoisi, il les rendrait blancs comme neige». Elle a enfin pu se libérer des secrets de famille et elle a consciemment reçu Jésus. Lorsque j'ai dû voyager, mes enfants sont restés s'occuper d'elle. En fin de compte, leur grand-mère les a mieux traités que moi. Je trouvais ma maison «vraiment propre». Elle était si ordonnée. Une femme exemplaire !

ALZHEIMER

Vers 70 ans, elle a commencé à avoir très peur chez elle. Elle était vraiment déprimée et pleurait beaucoup l'après-midi. Alors nous l'hébergions tous les soirs. Pendant environ 8 ans, elle est restée chez moi comme ça, pour qu'elle ne se sente pas seule. Plus tard, les pertes de mémoire ont commencé. Elle a été déclarée cliniquement atteinte d'Alzheimer. Elle ne pouvait plus être seule et nous avons dû en parler en famille et l'avons accueillie pendant un an avec une nièce, son plus jeune fils et nous. Cette maladie la détériorait chaque jour. Elle répétait les mêmes choses et racontait des histoires de son enfance, et comme les symptômes augmentaient, elle inventait des mensonges, de plus, ses jambes ne répondaient plus. C'était une période très difficile pour la famille. Elle oubliait de se changer ou de prendre une douche. J'avais l'habitude de dire : je vais prendre soin de ta dignité pendant que tu es avec moi, alors j'ai coloré ses cheveux, mis du rouge à lèvres sur ses lèvres et du vernis sur ses ongles. Je l'ai habillée élégamment. Elle m'appelait «Chivis» et avait l'habitude de dire : «Maintenant, tu es ma mère».

Une amie m'a demandé un jour : «Mme Silvia, pourquoi vous occupez-vous de votre belle-mère ? Cette maladie épuise beaucoup plus les personnes qui s'en occupent que celles qui sont malades. J'ai eu ma mère comme ça pendant 10 ans et c'est une maladie évolutive. Maintenant il ne reste plus qu'elle devient violente, nue et quitte la maison sans direction.

Elle doit affronter cette maladie avec ses filles qui sont les seules à pouvoir supporter cette dure maladie, car cela a fait que certaines personnes âgées ont été maltraitées».

Je lui ai répondu que ses filles vivaient aux Etats-Unis, qu'elles travaillaient et ne pouvaient pas s'occuper d'elle.

Mon amie avait bien raison. Au fil du temps, elle a commencé à devenir plus agressive. La seule personne qu'elle a frappée est la fille qui m'a aidée. Elle avait déjà des frictions avec moi. Malgré tout, elle ne m'a pas insulté ouvertement. Je lui ai dit de me respecter et que je voulais simplement qu'elle aille bien. Quand elle a quitté la maison et qu'un autre enfant s'est occupé d'elle, elle n'a dit que des mensonges, tel que je ne lui donnais pas à manger, que je ne voulais pas la sortir de la maison parce que j'avais honte d'elle, que nous la traitions mal et qu'elle disait des choses négatives sur la personne qui s'occupait d'elle.

Nous devions parler en famille pour connaître l'évolution de sa maladie et ses affectations, et faire attention à ne pas croire ce que la maladie inventait dans son cerveau. Elle pleurait toujours. Un jour, elle était désespérée à la maison et a dit : «Je vais me suicider si vous ne me ramenez pas à la maison». Je lui ai répondu : «Si tu te suicides, Dieu ne te recevra pas au ciel et tu iras dans un autre endroit, un endroit très laid». Elle s'est arrêtée, car elle croyait beaucoup en Dieu. Quoi qu'il en soit, nous avions l'habitude de garder un œil sur elle pour qu'elle ne tente rien.

On a dû lui donner des médicaments pour qu'elle ne soit pas déprimée ou mal à l'aise. Je pense que Dieu a été bienveillant envers elle et envers nous. Il ne l'a pas laissée aller aux étapes suivantes. Un jour, mon mari a pensé que nous aurions dû l'emmener chez elle à Rio Bravo ; ce qu'elle avait toujours souhaité dans son cœur : mourir chez elle. Nous sommes allés la chercher chez sa nièce, le médecin, et l'avons ramenée chez elle avec mon beau-frère. Sur le chemin du retour, j'ai senti que j'aurais dû prier pour elle et que je sentais que nous n'allions plus la revoir. Je n'ai rien dit à mon mari pour ne pas l'effrayer. Nous lui avons dit au revoir. Elle a pleuré et a donné sa bénédiction à son fils. Le lendemain, mon mari a dû faire un voyage dans plusieurs pays d'Amérique centrale. Au même moment, j'ai été invitée au Honduras pour donner une conférence avec les dames du FGBMFI. La bannière était sur Ruth et Naomi (belle-mère et belle-fille). En préparant le matériel, j'ai réalisé la relation précieuse que j'avais avec ma belle-mère, et cet après-midi, je l'ai honorée à la convention. Le soir, mon mari m'appelle pour me dire que sa mère est gravement malade, qu'il a dû revenir et je lui dis :

«La responsabilité d'un enfant est de prendre soin de ses parents, de leur donner de l'amour, de l'attention, des ressources, lorsqu'ils sont vivants comme le disait le poète. Je lui ai dit qu'il avait honoré sa mère. Il l'a assistée, lui a donné son temps et ses soins, et je lui ai demandé de se rappeler ce que j'ai fait quand mon père était à l'agonie, de laisser les morts enterrer leurs morts (mes belles-sœurs connaissent aussi Dieu) mais si ta douleur est si grande que tu ne peux pas la supporter, va, chéri pour voir si tu la trouveras vivante.

Je suis rentrée du Honduras le lendemain dans l'après-midi, et mes enfants m'ont annoncé que leur grand-mère était décédée à l'aube. J'appelle immédiatement mon mari pour savoir comment il va et s'il a pu trouver un vol pour revenir. Je l'ai trouvé triste et en pleurs, et me raconte une expérience surnaturelle qu'il a eue à l'aube. Sa mère est allée lui rendre visite et lui dire au revoir. Il l'a vue avec un grand sourire et jolie jeune accompagnée de sa grand-mère. Il m'a dit que s'il n'avait pas eu cette expérience, il n'aurait cru personne au sujet de ce genre de visite. À ce moment précis, il a compris que sa mère savait qu'il n'allait pas pouvoir la revoir, et Dieu lui a permis de partir pour dire au revoir à son fils.

Lorsque vous avez cette connexion avec ce DIEU MAGNIFIQUE, même dans vos moments les plus difficiles, il vous donne la satisfaction de lui confier vos êtres chers en espérant qu'un jour nous les reverrons.

- NOUS L'AIMONS ET JE SAIS QU'ELLE JOUIT EN PRÉSENCE DE DIEU, COMME ELLE LE SOUHAITAIT.

10

LA JOIE NE DÉPEND PAS DE VOTRE BEAUTÉ PHYSIQUE

Depuis ma naissance, on disait que j'étais un beau bébé et plutôt robuste. Ma tante Carmen (ma marraine) me couvrait d'amour. Elle disait que j'avais une peau si douce qu'elle ne cessait de me toucher. Je porte ce nom grâce à elle. Mes parents voulaient m'appeler Clara. En grandissant, j'ai perdu du poids. A l'adolescence, je suis devenue une Barbie et plus tard, j'étais de taille moyenne. Comme je l'ai déjà raconté, je me suis réfugiée dans ma fierté lorsque ma mère est décédée. Mais je sais que je n'étais pas laide. D'ailleurs j'ai acquis une très bonne forme corporelle, très bien bâtie qui attirait l'attention.

J'ai découvert que mes attributs permettaient d'attirer l'attention et de tirer profit de certaines situations. En effet. Lorsque je suis devenue la petite amie de mon mari, il m'a dit que ce qu'il aimait le plus chez moi était ma beauté physique.

Lorsque j'ai terminé mon programme professionnel, j'ai obtenu un emploi de caissière dans un magasin de pièces détachées. J'étais entourée de métaux et de boulons. Ce n'était pas un endroit très féminin. Un jour, une personne très bien habillée est venue acheter une pièce détachée. Puis il m'a donné une carte de visite et m'a invitée à un entretien d'embauche pour entrer dans une banque. Mon patron, qui était une personne généreuse, m'a donné la permission et a dit qu'il «voulait que je prospère». J'ai passé un entretien et un test psychométrique, et j'ai été embauchée. Un jour, j'ai trouvé l'entretien dans le dossier du personnel, et l'interviewer avait écrit une annotation supplémentaire qui disait «ET ELLE EST TRÈS JOLIE», ce qui a renforcé mon estime de soi, car à ce moment précis, ma vie a changé. J'ai dû bien m'habiller, j'ai commencé par me maquiller davantage pour mettre en valeur ma beauté. J'ai aussi commencé à colorer mes cheveux et à prendre soin de ma silhouette car ils nous faisaient porter un uniforme et nous envoyaient plusieurs changements pendant un an. La vanité est entrée dans ma vie, en plus de la fierté que j'avais déjà. Alors, j'ai commencé à élever un autre dieu sur ma vie en plus de mon travail, MON CORPS.

Tout le monde autour de moi avait l'habitude de m'admirer. Je n'entendais que des compliments à mon égard. J'ai fini par devenir comme la sorcière dans le conte Flocons de Neige. J'avais toujours un miroir en face de moi pour pouvoir me voir, et

Je lui demandais : «Petit miroir, qui est la plus belle ?», et je croyais qu'il me répondait : «Tu es la plus belle». Je faisais la mode, et quand j'ai eu mes enfants, je suis devenue l'esclave des régimes. Je prenais un peu de poids, mais je revenais à mon poids normal. J'ai fait des régimes de famine. J'avais l'habitude de dire : «Si je veux, je prends du poids et si je veux, je perds du poids». Pour cette raison, je me croyais le dieu de mon propre corps.

Quand mon mari était jaloux de moi, il faisait baisser mon estime de soi en inventant des histoires sur des gens. Il m'ignorait, même si je me pomponnais pour lui. Il a cessé d'être gentil avec moi. Lorsque je lui ai demandé le divorce, il m'a demandé une nouvelle opportunité, et je l'ai acceptée en pensant à ce que les autres pourraient dire. Il a dit qu'il a commencé à se répéter. «Ne ressens rien pour elle» jusqu'à ce qu'il en vienne à ne plus rien ressentir pour moi. Pour cette raison, il m'a ignorée. J'aimais mon travail. Je m'y sentais admirée, mais dans cette maison, j'avais mon pire ennemi, alors j'exagérais beaucoup plus mon style vestimentaire. Je portais des vêtements plus serrés. Ce n'était plus pour être admirée par mon mari, mais pour être admirée par les autres, et j'ai commencé à me mettre sur mon 31 pour les gens.

Je me souviens qu'un jour, je portais un haut et un jean serré. J'ai presque été violée dans la rue pour avoir été si provocante. Je me suis repentie et j'ai cessé de m'habiller ainsi car j'avais peur. Quand j'ai appris à connaître Dieu, je commence à réaliser que je ne peux pas porter de tels vêtements. Ce n'était pas agréable pour Dieu. Je devais être plus décorative, et j'ai commencé à m'habiller mieux. Lorsque mon mari et moi nous sommes pardonnés, il a commencé à gagner mon cœur, et à me dire de belles choses. Je n'avais plus besoin d'exagérer ma beauté. Il a rehaussé mon estime de soi avec tant de belles choses.

Quand j'ai eu 39 ans, j'ai commencé à me sentir bizarre. Soudain, j'ai ressenti une terrible anxiété, sans savoir pourquoi. Puis j'ai commencé à ressentir des chaleurs intenses dans le cou et de la tachycardie, de la fatigue, des pleurs incontrôlables, des douleurs osseuses, des douleurs cérébrales, de la colère, des changements d'humeur, etc. J'ai vu qu'il était nécessaire de consulter un gynécologue, et il a fait un test de contrôle hormonal, qui s'est avéré normal. Mais observant que j'avais beaucoup de symptômes, il m'a prescrit un milligramme d'œstrogène, mais cela n'a pas provoqué de contradictions, de ce qui allait se passer. Six mois plus tard, j'ai commencé à devenir exagérément grosse. J'avais l'air d'une grosse boule.

Beaucoup de volume sur mon visage, du volume dans mes bras, ma poitrine, mon ventre, les jambes.

LA JOIE DE LA SOUFFRANCE

Partout où j'allais, les gens étaient choqués et me disaient : «Que t'est-il arrivé, tu es vraiment grosse ! Mon mari m'a dit que ton corps devenait vraiment rare. Bien sûr, tout cela m'a affectée et j'ai déprimé, alors j'ai dit à mon mari, chéri, qu'est-ce que tu préfères, un beau corps ou une belle humeur ? Et il répond, «Je préfère une bonne humeur» «Je ne me soucie pas de la forme de ton corps. Maintenant je profite de tout avec toi, tu es mon amie, ma femme et mon amante. Je ne désire personne d'autre que toi».

Écoutez, j'ai cru ces mots et ils m'ont fait me sentir LA FEMME LA PLUS BELLE DU MONDE ! J'avais l'impression d'être une poupée Barbie, maintenant que j'étais comme Barney. Quand j'étais comme une Miss Mexique, il ne m'a jamais traitée comme maintenant. En fait, quand je refusais d'être avec lui dans l'intimité à l'époque où j'étais en très bonne forme, il me disait «quel gâchis».

MES AMIS, LA MEILLEURE CHIRURGIE PLASTIQUE QU'UNE FEMME PUISSE AVOIR EST... UN MARI QUI NOUS TRAITE COMME UNE REINE. NOUS SOMMES RAJEUNIES ET NOUS DEVENONS VRAIMENT BELLES. PEU IMPORTE VOTRE POIDS !

L'AMOUR DE MON MARI N'EST PLUS BASÉ SUR MON APPARENCE PHYSIQUE, MAIS SUR CE QUI EN VAUT LE PLUS LA PEINE, LA

BEAUTÉ INTÉRIEURE ET LE FAIT D'AVOIR JÉSUS COMME CENTRE DE NOTRE VIE.

Un jour, j'ai commencé à ressentir une douleur dans le bras, et pour cette raison, je suis allée chez l'endocrinologue. On m'a pesé et il a dit que vous atteigniez le seuil de l'obésité, et j'ai dit : «Je sais, docteur, mais je suis une petite prune heureuse ! Et il a dit que je devais prendre soin de moi, pour que mon cœur et les maladies ne m'attaquent pas. J'ai suivi ses instructions et il m'a envoyée chez un nutritionniste, qui m'a donné un plan de nutrition et j'ai perdu 10 kilos en trois mois. Honnêtement, je ne m'aimais pas beaucoup pour mon âge. J'avais l'impression que ma peau se dégradait. Quand mon mari me voit, il me dit : «Je n'aime pas que tu perdes autant de poids». Honnêtement, j'ai ri parce que c'est admirable ce que Dieu fait dans le cœur des gens. J'ai pris un peu de poids pour pouvoir faire plaisir à mon mari.

DIEU A ÉTÉ BON ET A OPÉRÉ TANT DE CHANGEMENTS DANS NOTRE CŒUR. MAINTENANT NOUS APPRÉCIONS CE QUI EST VRAIMENT DIGNE.

«J'AI APPRIS À ME CONTENTER DE CE QUE J'AI»

(Philippiens 4:11)

«LA BEAUTÉ INTÉRIEURE VIENT D'UN CŒUR RECONNAISSANT PARCE QU'IL A OPÉRÉ DE GRANDS CHANGEMENTS DANS LA VIE».

11

PRENDRE DES RÔLES QUI NE SONT PAS LES NÔTRES

Selon le modèle d'Erick Berne, un médecin psychanalyste,

Nous arrivons dans ce monde en bonne condition : «nous sommes tous bien nés». «Nous sommes tous nés princes et princesses». Après nos rapports sociaux avec les autres, nous prenons des décisions auto-limitatives par lesquelles nous devenons « des crapauds ou des grenouilles enchantés «.

LES ÉTATS D'EGOS PARENTS-ADULTES-ENFANTS

A. Dans ma propre vie, j'ai dû me rendre compte que je devais mûrir en tant qu'adolescente, et prendre un rôle qui n'était pas le mien. Au lieu d'être une sœur, j'ai pu me rendre compte qu'il fallait que je devienne adulte, être un PÈRE-(MÈRE)-ADULTE en devenant chef de famille car mon père m'a accordé les droits de décider et de prendre le contrôle de ma maison (contrôle économique et moral).

Mes attitudes :

SERIEUSE

AUTORITAIRE

RESPONSABLE

MÉFIANTE

DÉTERMINÉE

PROTECTIVE

POURVOYEUSE

L''EGO D'ENFANT

Je ne pouvais pas me permettre ce luxe. Je n'avais pas le temps pour ça. J'aimais tellement mes frères et sœurs. Je pleurais pour eux, et je me levais en pensant à eux. Mais je ne leur ai jamais manifesté d'amour, juste un soutien moral et économique. Je leur imposais des punitions s'ils se comportaient mal, et s'ils se comportaient bien, je ne leur donnais que des cadeaux matériels. Comment pouvais-je être capable de donner de l'amour si je n'en avais pas ?

Mes frères ont grandi et sont partis aux États-Unis. Certains d'entre eux se sont mariés. Un jour, ils ont appris que ma fille avait été diagnostiquée «épileptique», et que les convulsions avaient commencé. «Comme c'est bienfait pour elle. Dieu la punit parce qu'elle était très mauvaise avec nous». J'ai été très surprise et triste en même temps, et j'ai fait le commentaire suivant :

«La seule chose que j'ai faite, c'est de les aimer, de les faire éduquer et de leur fournir un toit, de la nourriture et des vêtements. Ils étaient ce qu'il y avait de mieux pour moi, le moteur de mon existence». Voilà ce que je ressentais pour eux. Ils étaient mon monde, et je les aimais vraiment, et les défendais contre tout, mais j'ai fait une terrible erreur. JE NE LEUR AI JAMAIS RIEN DIT NI DÉMONTRÉ.

Maintenant, je devais réparer cette erreur que j'avais faite avec eux. J'ai reconnu que c'était vrai. Je me suis repenti de ce que j'avais fait. J'ai demandé à Dieu de me pardonner. L'étape suivante consistait à aller au Kansas, leur demander pardon et apaiser leur cœur.

Par coïncidence, mon frère Ricardo, le plus jeune des garçons, était sur le point de se marier. Alors nous sommes allés à son mariage. Toute notre famille s'est réunie. À la fin, le nouveau couple marié a «soi-disant» continué leur voyage de lune de miel. Mon père et sa femme étaient avec nous chez ma sœur. Le lendemain soir, j'ai raconté mon plan à ma sœur Norma, mais j'étais heureuse à l'intérieur parce que les choses ne se sont pas passées, et j'ai dit : «C'est trop tard maintenant et demain je vais au Mexique ; en plus, Ricardo est parti en lune de miel. Je voulais demander pardon, mais les choses ne se sont tout simplement pas produites». Environ une demi-heure plus tard, un de mes frères arrive, celui qui a fait le commentaire négatif sur ma punition; puis mon frère aîné arrive avec sa famille, et je n'avais pas encore compris. En fait, il n'est pas facile de demander pardon, et je pensais que j'avais déjà été libérée.

FAIS ATTENTION A CE QUE TU PROMETS A DIEU, CAR IL NOUS FAIT TENIR UNE PROMESSE ! SURPRISE !

Ceux qui devraient être en voyage de noces arrivent.

Quel autre signe dont j'avais besoin pour franchir le pas... Rien, fais-le !

J'ai dit à mon mari : «Priez pour moi», j'ai dû parler avec chacun d'eux et, avec peur et honte, j'ai osé demander pardon à chacun d'eux pour ne pas leur avoir montré mon amour, pour leur avoir donné des choses matérielles et pour les avoir à peine disciplinés.

J'ai demandé à mon père de me pardonner de l'avoir jugé pendant si longtemps, de m'être marié, et sa femme m'a devancé en me demandant de lui pardonner d'avoir épousé mon père. J'ai dit, au contraire, merci d'avoir pris soin de mon père et de lui avoir donné ton amour et ta compagnie à son âge mûr. Cela a créé une atmosphère pleine de pardon et de larmes.

Mon frère Pablo (l'aîné de mes frères) a parlé au nom de tous, et en pleurant il a dit qu'ils n'avaient rien à pardonner. Ils n'avaient que de la gratitude envers moi dans leur cœur, et envers mon mari pour les avoir toujours abrités et soutenus dans leurs pires situations.

Mon père a posé sa main sur son cœur en voyant une scène aussi belle que forte. Nous étions comme des enfants qui se réconciliaient avec Dieu et rendaient nos cœurs plus proches dans l'unité et l'amour, et remerciant Dieu pour ce qu'il avait fait dans nos vies. Malgré toutes sortes de souffrances, nous étions plus unis que jamais, jusqu'à ce jour.

L'EGO D'ENFANT» DANS MA VIE S'EST DÉVELOPPÉ À TRAVERS LES LARMES ; PUISQU'IL FALLAIT DEVENIR COMME DES ENFANTS AGISSANT COMME TELS AVEC MA FILLE SAM, JE CHANTE, DANSE ET JOUE AVEC ELLE.

Honnêtement, il reste beaucoup de choses pour moi.
LA BIBLE DIT «NOUS DEVONS DEVENIR DES
ENFANTS POUR ENTRER DANS LE ROYAUME
DES CIEUX».

B. Dans la vie de mon mari, L'ÉGO D'ENFANCE a
augmenté à cause de l'expérience de son enfance. Il
vivait à côté de ses grands-parents maternels. Il n'a
pas rencontré ce père, a grandi dans la maltraitance
physique et psychologique, frustré de ne pas pouvoir
jouer avec ses cadeaux. Il ne pouvait que les voir, pas
jouer avec. Il a vécu en souhaitant être avec sa mère
et cela s'est réalisé jusqu'à l'âge de 12 ans.

L'état d'EGO ADULTE ne s'est pas pleinement
développé dans sa vie. Donc depuis cette époque
jusqu'à aujourd'hui, je me sens «maman» pour tout
le monde, y compris pour mon mari, en fournissant
ce qui manquait dans son enfance, dans toute sa vie
émotionnelle.

Il fut un temps où il me cédait ses droits lorsqu'il
partait travailler en dehors de la ville. Et je m'occupais
de mes enfants, de la maison et des dépenses. Il ne
m'envoyait qu'un chèque et je devais me débrouiller
pour trouver le moyen d'étirer cet argent le plus
possible. Le fait d'être responsable était si bon pour
moi que lorsqu'il rentrait à la maison et voulait
donner son avis sur quelque chose, je lui demandais
de se taire en lui disant qu'il ne savait rien de ce qui
se passait et qu'il ne pouvait pas donner son avis.

Je lui ai manqué de respect, ça ne l'a pas beaucoup aidé, pour qu'il puisse être le PARENT ou l'EGO d'adulte».

Après avoir été enseignée dans la Parole, j'ai découvert mon incompétence en tant qu'épouse. J'ai dû cesser d'être une mère pour prendre ma place et lui donner son rôle de CHEF DE FAMILLE ET DE PRÊTRE DE MA MAISON.

J'AI CESSÉ D'ÊTRE LA MAUVAISE ASSISTANTE POUR DEVENIR SA VRAIE ASSISTANTE.

C'était très difficile pour moi de le laisser être mon pourvoyeur ici sur terre car j'étais habituée à gagner mon propre argent par mon travail. Depuis qu'il était étudiant, je gagnais déjà un bon salaire. Je faisais de bons cadeaux à tout le monde. J'avais l'habitude de prêter aux autres et je n'avais rien à demander à personne. Je ne travaillais plus et j'ai dû lui céder sa place de chef de famille et de prêtre de ma maison. J'ai dû mourir à moi-même. C'était terriblement difficile pour moi de demander de l'argent pour les dépenses. Dieu faisait plier mon orgueil, et il m'a fallu des larmes pour me soumettre à l'autorité imposée par Dieu dans ma vie. J'ai aussi appris à me taire. J'ai appris dans les Proverbes.

«Il vaut mieux vivre seul dans le coin d'un grenier qu'avec une femme querelleuse dans une belle maison» (Prov. 21:9).

Pour ma transformation et mon obéissance, Dieu a fait grandir «L'EGOS ADULTE ET PATERNEL» chez mon mari, et je lui ai donné sa place dans tout.

Le mot «EZER» en hébreu signifie «AIDE». Ce nom est donné à l'épouse.

La Bible dit : «Il n'est pas bon que l'homme soit seul, je lui ferai une aide appropriée». Maintenant, je me suis approprié cette promesse, et je soutiens mon mari, en intercédant pour lui et en lui donnant des paroles d'encouragement, afin qu'il aille de l'avant dans son appel de service ; ainsi, maintenant, JE SUIS SON AIDE, SON PROPHÈTE ET SON INTERCESSEUR. JE SUIS LA PUISSANCE DERRIÈRE LE TRÔNE.

C. Dans la vie de ma fille Pamela, «l'ego adulte» n'était pas dû à une quelconque expérience. DIEU L'A CONÇUE COMME UNE PERSONNE MATURE DÈS SA NAISSANCE.

Sa personnalité depuis qu'elle était une fille était telle. Elle ne jouait pas à la poupée. Elle était très indépendante, ses rêves et ses désirs étaient d'entrer à l'école, d'étudier et étudier. Quand je pratiquais les tables de multiplication avec Abraham, elle les apprenait plus vite que lui. Elle s'ennuyait pendant les longues vacances car elle voulait aller à l'école. Je lui disais : «Chérie, tu n'es pas une fille normale», c'est pourquoi elle ne correspondait pas aux filles de son âge. A ce jour, elle est très mature en tout.

D. Dans la vie de certains amis, j'ai vu d'autres comportements selon leur vie pendant leur enfance et leur mariage. Mon amie «Maria» dans son enfance avait un père permissif et très protecteur. Elle est devenue une petite amie dans son adolescence avec un ami de ses frères, un peu plus âgé qu'elle. Et juste au moment où son père meurt, elle se marie avec lui, et depuis ce moment précis, elle a adopté un mari comme un père, lui fournissant la discipline et la protection. Elle a développé «L'ÉGO D'ENFANCE».

E. Notre ami Osiel est un homme si protecteur, car pendant son enfance il a dû ADOPTER L'ÉGO ADULTE en raison de l'absence prolongée de son père. En outre, un fort caractère s'est formé en lui pour les brimades reçues dans son enfance et pour l'alopécie dans sa jeunesse. Sa femme a ADOPTÉ LE «MOI ENFANT», elle le considère comme un père et dépend de lui d'une manière telle que rien qu'en pensant au fait qu'il pourrait ne pas être là, elle a peur de ne pas savoir quoi faire.

J'ai donc découvert des histoires similaires dans différents rôles. C'est pour cette raison que je me suis engagée dans la tâche de recherche de ce phénomène psychologique pour chercher **un équilibre dans cette vie**.

12

LA JOIE DE SATISFAIRE
DANS L'INTIMITÉ EN
TANT QU'ÉPOUSE

Ma parade amoureuse a duré sept ans, trop de temps pour des raisons indépendantes de notre volonté ; la spécialisation de mon mari. Puis il n'a pas trouvé d'emploi lié à sa profession. Il est parti quelque temps aux États-Unis et a travaillé comme soutien pour un entrepreneur, juste pour m'acheter une bague de fiançailles.

La Bible dit :

Je dis donc à ceux qui sont célibataires et aux veuves : il vaut mieux rester célibataire, comme je le suis. Mais si vous ne pouvez pas vous contrôler, vous devriez vous marier. Il vaut mieux se marier que de brûler de convoitise. (1Cor. 7:8)

Je ne me considérais pas comme une mauvaise personne. Le fait est que mon père m'a donné beaucoup de liberté. Mieux, je me sentais libre de décider de ma vie. Comme j'avais l'âge légal, je ne lui demandais pas la permission. Je lui faisais simplement savoir où j'allais. Par conséquent, personne ne m'a forcé à faire quoi que ce soit. C'était volontaire, car la chair est faible, et nous avons eu des relations sexuelles avant le mariage à une époque où une telle situation était impensable dans un foyer décent. Ce péché nous a amenés à commettre un autre péché, encore plus grave, «un avortement». Bien sûr, je ne savais rien des soins pour prévenir la grossesse. Je n'avais personne pour me donner des conseils. Je ne savais pas si j'étais innocente ou si c'était pratique pour moi de croire que mes règles étaient en retard. Une amie d'enfance, qui avait déjà vécu une expérience similaire, m'a conseillé de sauter, de me frapper le ventre et de prendre des remèdes maison, mais rien n'a marché. Puis elle m'a conseillé d'aller dans un endroit et de subir un curetage ou un avortement. Honnêtement, j'ai eu très peur, mais je n'avais pas les moyens d'avoir un bébé. À la maison, j'étais un exemple de fille pour mon père et mes frères et sœurs. En outre, je travaillais dans un lieu public et je pourrais même perdre mon emploi après de nombreuses années de travail.

C'est un fardeau très lourd de ne pas se pardonner ce que l'on a fait, une douleur physique et émotionnelle si intense, le sentiment d'être sale, mauvaise et hypocrite. J'ai continué à vivre ma vie comme ça. L'année suivante, mon mari a trouvé un emploi. J'ai fait faire ma robe de mariée. Je n'ai pas pu la faire blanche parce que je n'étais pas pure. Elle a été faite en beige ancien, parce que c'était à la mode, mais je sais que c'était pour cacher mon péché.

Comme il y avait beaucoup d'enfants dans ma maison, je ne voulais pas que ma robe se salisse. J'ai abandonné ma famille. Je suis allée chez ma belle-mère pour qu'elle m'aide à m'habiller. J'ai payé le prix fort pour ce que j'ai fait. J'ai reconnu mon erreur de ne pas rester avec mes proches dans un moment aussi important. J'ai été la première à aller me faire coiffer, et quand je suis revenue, il n'y avait personne de la famille de mon mari, à part la bonne. Ils étaient aussi partis se faire coiffer. J'ai payé mon erreur en demandant à une fille de m'aider à fermer ma robe et à m'occuper de mes soins personnels. C'était ma première tristesse. La seconde fut que je suis arrivée à l'église en m'attendant à la voir pleine de fleurs, et surprise, mon oncle qui avait accepté de payer les fleurs de l'église avait oublié mon mariage, donc je me suis mariée en pleurant pour les fleurs.

De nombreux invités ont assisté au mariage, j'étais très heureuse car mon petit ami avait déjà accepté de se marier avec moi. Ainsi, tout était vraiment bien, mais lorsque nous étions seuls, il y avait toujours ce souvenir de ce que nous avions fait l'été dernier. Peu importe combien vous masquez les choses, c'est si profond que votre vie en est toujours affectée. Après ces deux belles années de lune de miel, contre toute attente, jusqu'à la naissance de ma première fille. C'est moi qui ai décidé de planifier cette grossesse, pas Dieu.

Après la naissance de ma première fille, mon mari a changé. Il est devenu très jaloux et a rendu mon existence amère. Il pouvait me maltraiter psychologiquement toute la journée, et la nuit, la jalousie et tout disparaissait ; et dans ma chambre à coucher, il était un autre homme, essayant de me toucher, et je le rejetais ; juste le ressentiment, la rancune et le manque de pardon que j'avais pour lui dans mon cœur. Plusieurs fois, j'ai failli avoir des relations sexuelles forcées, juste pour jouer mon rôle d'épouse

Je me suis dit : Je grimperai sur ce palmier, je prendrai ses fruits.

Que tes seins soient comme des grappes de raisin, le parfum de ton haleine

comme des pommes, ta bouche comme le meilleur vin !

Elle pourrait faire aller le vin droit. Coulant lentement sur ses lèvres

de ceux qui dorment. J'appartiens à celui que j'aime,

Et son désir est pour moi.

Oh, viens mon bien-aimé, partons à la campagne,

Passons la nuit dans les villages.

En apprenant que j'étais une autre femme, j'ai demandé pardon à Dieu pour mes erreurs du passé, et il m'a libérée. J'ai ressenti son pardon et son amour. Il m'a donné une nouvelle opportunité de faire fonctionner notre mariage. Je lui ai demandé de m'aider à coopérer en tout et à comprendre...

QUE LA VIE SEXUELLE EST DE 70% IMPORTANTE DANS LES MARIAGES POUR POUVOIR ÊTRE HEUREUX... LES 30% C'EST TOUT LE RESTE.

J'ai demandé pardon pour le temps que nous avons perdu et pour l'avoir tant privé de relations sexuelles ; pour l'avoir offert dans mon cœur à d'autres femmes. J'ai appris qu'il faut communiquer tout ce que l'on ressent même si pour un moment on s'abstient de relations, et ne pas le laisser trop longtemps sauf si ce sont des moments à passer avec Dieu.

À partir de là, nous nous exerçons à remettre entre les mains de Dieu nos relations intimes, car Dieu est partout, même à ce moment-là, il nous accorde ses bénédictions.

13

LA JOIE DANS LE SERVICE DE DIEU

Depuis que j'ai rencontré Jésus et que je lui ai donné ma vie, je suis véritablement tombée amoureuse de lui.

J'ai appris à lui parler comme à mon père et j'ai cessé de dire des prières pré-élaborées qui n'avaient aucun pouvoir dans ma vie. Maintenant je lui disais mes peines, mes rêves, mes souhaits, et je pouvais sentir ses réponses à travers sa présence d'AMOUR, si inexplicable dans ma vie que je m'effondrais et pleurais. Pour moi, c'était quelque chose de nouveau, et j'ai commencé à me réjouir et à découvrir qu'il était réel et non une invention. J'avais déjà eu une expérience avec Jésus dans ma dénomination, et cela m'avait beaucoup aidé. Mais ma vie n'avait pas changé. J'étais dans un cercle d'étude biblique et je lisais la Bible, mais je ne la comprenais pas et je m'ennuyais, en fait, je dormais.

Ainsi, quand je viens au FGBMFI, et qu'Il m'est présenté d'une manière simple et pratique par des témoignages puissants, je commence à sentir la présence de l'Esprit Saint que je ne connaissais pas non plus. IL M'A IMPRESSIONNÉ ! Il a enlevé le bandeau de mes yeux et a commencé à me révéler les domaines qui étaient mauvais. Maintenant, je pouvais comprendre Sa parole. J'ai commencé à avoir faim pour en apprendre toujours plus. Mes amis me disaient que je voulais courir quand j'étais un bébé spirituel, que je devais boire du lait, puis quelque chose de plus solide comme de la purée pour ensuite comprendre que tout avait un temps. Même si j'ai prié, jeûné, lu la Bible, écouté une radio chrétienne. J'ai appris que Sa parole dit :

«La foi vient de ce qu'on entend, c'est-à-dire de ce qu'on entend la bonne nouvelle du Christ». (Romains 10:17)

Ma première expérience de personnes voyant quelque chose en moi (je sais maintenant que c'était Sa lumière) a eu lieu lorsqu'une invitée est venue à la réunion. Elle était enseignante, s'est approchée de moi et m'a dit : «Puis-je aller chez vous et vous parler ? Vous m'avez fait me sentir très confiante». Je ne pouvais pas dire non, mais j'avais peur. Je ne savais pas quel conseil j'allais lui donner, et je me disais en mon for intérieur : «Pourquoi n'en ai-je pas parlé à quelqu'un qui a plus d'expérience ?» Cependant, je suis rentrée à la maison et j'en ai parlé à mon mari. Je suis allée prier et j'ai dit à Dieu : «Je ne sais pas quoi faire, aide-moi, s'il te plaît». L'enseignante est finalement venue et elle a commencé à me raconter tous ses problèmes. J'ai juste écouté et écouté. A la fin, elle me dit merci de m'avoir écoutée, parler avec vous m'a fait beaucoup de bien. J'ai été plus surpris qu'elle, et j'ai compris que quelque chose était en moi, que Dieu m'utilisait pour me mettre à son service, c'est-à-dire ÉCOUTER LES AFFLIGÉS.

Les partenaires qui avaient beaucoup d'expérience m'ont enseigné. Je voulais que ma famille le connaisse. Certains m'ont rejeté, à commencer par ma famille. Mes sœurs se sont réunies et ne m'ont pas invitée. Ça m'a blessée. Mon ami aussi m'a rejeté. Personne ne m'a invité à aucun événement social. Cela m'a fait mal, mais j'ai fini par surmonter. Un jour, j'ai voulu inviter ma sœur aînée, et comme son mari était très spécial et ne la laissait pas sortir, j'ai inventé un mensonge, pour qu'elle puisse le dire à son mari et venir avec moi. Je remercie Dieu pour les dames les plus expérimentées dans la voie de Dieu, qui m'ont corrigée sur le mensonge, et elle a dit, «Si c'est par le mensonge, il vaut mieux qu'elle ne vienne pas». Je me suis sentie si embarrassée, et là, j'ai réalisé que c'était un style de vie que j'avais, «les mensonges blancs». Depuis ce moment, j'ai décidé de changer, et de ne plus dire de mensonges, et si jamais j'échoue devant lui, il me convainc immédiatement du péché et me corrige.

«Car le Seigneur discipline ceux qu'Il aime»

Ensuite, j'ai prié pour les gens et il y eut des guérisons, des miracles et des délivrances. Dieu a commencé à utiliser Sa puissance, tout comme Il a utilisé mon partenaire pour me corriger de mes erreurs. Maintenant, j'avais une jalousie spirituelle, même dans les services de Dieu, il y avait des difficultés. Une compétence de leadership a commencé. C'était une très grande lutte. Quand la véritable vision du FGBMFI a été révélée, la religion a été ôtée. La plupart des anciennes dames sont parties et seules quatre femmes avec moi sont restées, qui se sont agenouillées et ont demandé à Dieu que de nouvelles dames viennent. À ce moment-là ma partenaire est également partie. Avec le temps, ce groupe s'est relevé et est devenu plein de femmes. La plupart des gens venaient me voir pour prier pour leurs besoins car c'était une nouvelle génération et les autres ne se sentaient pas capables de le faire.

La leader qui était jalouse de moi est revenue. La seule chose qu'elle faisait était de parler à tout le monde en créant du désordre. Quelque temps plus tard, j'ai commencé à me sentir mal à cause des symptômes de la pré-ménopause, beaucoup de fatigue, et je leur ai demandé si quelqu'un pouvait me soutenir. Personne ne voulait prendre le contrôle, et elle a dit qu'elle m'aiderait avec le groupe. Je ne quittais pas le groupe, mais cette responsabilité représentait un fardeau en raison de ma santé. Elle a pris le contrôle et depuis ce moment-là, elle est devenue mon ennemie. Elle ne me prenait pas en compte. Si je donnais mon avis, elle m'ignorait. Elle changeait les règles à sa guise. Je revenais toujours très affectée à la maison et j'en parlais à mon mari. Un jour, mon mari m'a dit : «N'y va plus, tu reviens toujours très affectée, et comme ça, tu ne peux être une bénédiction pour personne». Il avait tellement raison ! J'ai pleuré et en décembre je suis partie.

Je suis allée comme Jésus sur le chemin de croix, pour les femmes à qui on a donné mon temps et mes ressources, pour aller prier pour elles et leurs familles. Même la nuit, j'ai laissé mes enfants pour aller là où elles me demandaient d'aller. Soudain, personne ne se souvenait de moi. Je me suis sentie abandonnée, oubliée ; même ma meilleure amie ne me cherchait pas. J'ai pleuré, beaucoup pleuré. Je me suis sentie trahie, abandonnée et oubliée. En février, le jour de la Saint-Valentin, j'ai entendu sur une radio chrétienne, si tu as un ennemi, il est temps d'en faire ton ami au nom de Jésus ; prends le téléphone, appelle-la et demande-lui pardon. La vérité, c'est que je ne l'ai pas appelée. J'ai appelé un fleuriste, et je lui ai envoyé un bouquet de fleurs avec une carte dans laquelle je lui demandais pardon pour tout ce que je lui ai fait subir. Cette même nuit, il y avait un événement pour les couples mariés du FGBMFI. Je lui ai dit bonjour, nous nous sommes embrassés et elle a commenté, «J'ai beaucoup aimé ce que tu m'as envoyé» et a dit, «Nous parlerons plus tard». J'étais très heureuse car elle m'avait déjà pardonné, mais ce n'était pas comme ça. Elle ne m'a pas parlé pendant quatre ans. J'ai fait ma part. Je sais maintenant que cela n'avait rien à voir avec moi, mais avec elle et sa relation avec Dieu,

Malgré cela, je suis restée déprimée à la maison pendant un certain temps, parce que je ne pouvais pas le servir. Il est arrivé que Dieu me parle à travers un chant qui me disait : «Tu dois décroitre, pour que je puisse croitre», et je lui ai demandé : Je ne te comprends pas, Seigneur, et il me rappela que les gens me flattaient, et je reconnaissais à toutes les apparences que l'Honneur et la Gloire étaient à Dieu. Mais dans mon cœur, j'aimais que mon nom soit mentionné. JE VOLAIS SA GLOIRE ! Avec honte, je lui ai demandé pardon et j'ai dit : «JAMAIS, SEIGNEUR, ne me laisse aller dans quelque endroit que ce soit si tu ne me précèdes pas. JE NE SAIS RIEN, JE NE PEUX RIEN FAIRE ET JE N'AI RIEN, MAIS AVEC TOI, DE GRANDES CHOSES VONT SE PRODUIRE ET JE NE VOLERAI JAMAIS MÊME UNE PARTIE DE TA GLOIRE ! PLUS JAMAIS».

Ensuite, je lui ai dit : «Ce serait mieux si je ne t'avais jamais connu, Seigneur. Tu m'as tant donné, et je suis ici à rouiller. Les gens sont malades et ont des problèmes, et moi je suis là, enfermée dans les portes». Jusqu'au jour où mon mari m'a dit : «Je ne veux pas te voir comme ça, lève-toi. Dis-moi ce que tu veux faire, je te soutiendrai. Mais ne laisse pas la maison et les enfants sans surveillance. Je sais que Dieu te fera prospérer quoi que tu entreprennes, et je te donne ma bénédiction». Je lui ai répondu : «Je voudrais aller dans les quartiers et évangéliser comme on met 5 ou 6 personnes ensemble pour les présenter (crèmes ou poêles à frire). JE VEUX LEUR PRÉSENTER LE MEILLEUR, LE SEIGNEUR DES SEIGNEURS ET LE ROI DES ROIS».

J'ai donc commencé une nouvelle façon d'évangéliser. Une amie m'a dit combien de femmes tu veux réunir chez moi. Je vais en réunir 20, et nous avons eu la première réunion dans un quartier de ma ville avec d'excellents résultats et le soutien de Dieu.

Une gentille femme qui était au FGBMFI est venue me voir à la maison et m'a dit «tu es mon leader, où que tu ailles, je te suivrai». Nous étions deux à servir Dieu maintenant. Mais la seule chose que je savais faire était de donner des témoignages de vies changées, qui est l'outil que nous utilisons au FGBMFI. Lors de la réunion suivante, mon amie Xochitl a donné son témoignage. Mon plan était d'aller dans un quartier, puis dans un autre. Mais Dieu a changé les plans parce que les dames qui étaient à la première réunion voulaient aller à la deuxième. Je leur ai dit de me laisser parler avec celle de la maison suivante à tour de rôle parce que je ne sais pas s'il y a de la place. Car nous pourrions être dans une maison «de haute classe» ; la semaine suivante être dans une maison «très modeste», et pour dire la vérité, cela a prospéré. Le problème que mon amie et moi avions est que nous ne savions pas quoi partager d'autre. Ils connaissaient déjà nos témoignages. Je lui ai dit, apportez des enseignements de votre église. J'ai commencé à acheter et à lire des livres dans une librairie chrétienne. J'ai appris et appliqué une partie de ma vie qui n'avait pas été guérie concernant le domaine dont le livre traitait. J'ai reçu cette partie de Dieu. Je me souviens d'un sujet de livre «Comment rendre votre langue belle». C'était assez fort, mais pour ne pas offenser, je me suis mentionné comme exemple de murmure dans ma vie. Mon amie m'a dit un jour, je suis surprise des sujets que tu prépares (car j'utilisais une bible d'étude, et je préparais des sujets plus complets basés sur la Bible). Elle m'a dit : «J'apporte des sujets que d'autres ont préparés, mais c'est toi qui les prépares ; en fait, Dieu te fait plus de cadeaux».

Je n'avais pas réalisé que j'apprenais quelque chose de nouveau juste pour les besoins des gens. Il y avait toujours un nouveau témoignage dans ma vie, et je l'appliquais aux sujets que je présentais. Là, j'ai su comment Dieu, à travers tant de souffrances, m'avait préparée à parler de Ses merveilles dans différents domaines de la vie d'une femme. Ils se sont identifiés et ont reçu la guérison divine.

Lorsque le groupe est devenu très prospère, nous allions avoir 3 ans. Mon mari a reçu la direction nationale du FGBMFI et m'a dit : «J'ai besoin de toi pour ouvrir de nouveaux groupes de femmes» (car le groupe que j'ai quitté n'a pas prospéré). J'ai tellement pleuré pour mon départ, et maintenant je pleurais parce que je ne voulais pas revenir et laisser les femmes dans les quartiers. Je devais obéir à mon mari ; cependant, je les ai créés. La plupart d'entre elles ont rejoint le nouveau groupe des dames que je représente depuis une douzaine d'années, et près de vingt ans de bonheur et de participation active à l'organisation.

JE PENSAIS QUE LE BONHEUR N'EXISTAIT PAS. JE SUIS ARRIVÉE ÉTANT UNE FEMME MALHEUREUSE, PENSANT QUE LA VIE ÉTAIT AINSI ET QUE TOUS LES MARIAGES AVAIENT DES PROBLÈMES.

En réalité, notre mariage n'est pas parfait, mais nous sommes heureux !

MAINTENANT, JE FAIS PARTIE DES GENS LES PLUS HEUREUX SUR TERRE !

Ce bonheur est au bout de vos doigts.

Si votre vie a été triste et que vous avez perdu tout espoir, nous vous invitons à faire la différence dans ce monde dans une atmosphère d'AMOUR, d'UNITÉ ET DE RESPECT.

SI CE MESSAGE A VRAIMENT TOUCHÉ VOTRE CŒUR, JE VOUS INVITE À VOUS ENGAGER.

Je reconnais que je ne suis pas la personne que je devrais être.

Je reconnais que je n'ai pas ce que je devrais avoir.

Je reconnais que j'ai échoué au cours de ma vie.

Je me repens et décide de faire un arrêt dans ma vie.

Seigneur Jésus, viens dans ma vie pour me donner un cœur nouveau

pour t'adorer. Je décide de te servir avec tout ce que j'ai.

Même avec ce que je n'ai pas.

AMEN.

Cette chanson est dédiée à Dieu, pour le remercier
de m'avoir manifesté tant d'amour et d'avoir changé
mon histoire de vie, de la SOUFFRANCE à la JOIE !

Chanson

C'est toi, c'est toi
La raison de ma chanson
Pour tout ce que tu m'as donné
Depuis que je suis dans ce monde.

Je te suis reconnaissant
Tu as soigné mes blessures
Tu m'as donné de la joie
Au milieu de mes souffrances

Quelle chose rare !
Je ne le savais pas
Quand plus profond
La douleur s'enfonce
Il y aura plus de joie dans ton cœur

La douleur et la tristesse sont inséparables.
Avec l'une on mange
Avec l'autre on dort
Maintenant je comprends

Combien de douleur
Combien de tristesse
Combien de solitude
Et je pensais

Que tu me détestais
Quand tu m'as enlevé tout ce que j'aimais
Je me suis sentie si abandonnée

Mais tu avais des projets
Tu me façonnais
Pour quelque chose de plus grand
QUELLE GROSSE ERREUR !
Je sais maintenant qu'il n'y a pas de douleur
Pas de joie !
Sans souffrance
je n'aurais pas atteint la maturité.

Pour avoir ton approbation
Mon Jésus
J'ai tant souhaité me sentir aimée
Je l'ai désiré depuis mon enfance
J'ai endurci mon cœur
Et me suis rendu fort grâce à ma fierté

Tu sais Seigneur, j'étais vide
Dans cette vie, j'en voulais
A tout le monde
Je n'étais pas heureux

Jusqu'à ce que tu arrives
Et que tu me donnes une porte de sortie

C'est toi, c'est toi
La raison de ma chanson
Pour tout ce que tu m'as donné

POUR LA JOIE AU MILIEU DE LA PEINE !

Traduit par Helda Fryeda Reyes, le 31 août 2019.

Vous êtes-vous déjà demandé pourquoi il y a tant de tragédies dans votre vie ?

Chaque être humain a traversé la Souffrance à un moment de sa vie. Personne n'échappe à cette douleur, et personne ne choisirait la souffrance à la place de la joie. Je pense que nous n'y serons jamais préparés. Cependant, il est nécessaire d'en faire l'expérience pour pouvoir former notre caractère et avoir du courage devant l'adversité. Dans ce livre, vous trouverez une formule pour surmonter la souffrance et connaître la vraie joie et le BONHEUR tant désirés.

«La joie et la douleur ne sont pas comme l'eau et l'huile, mais coexistent».

«DIEU A PLACÉ LE PLAISIR SI PRÈS DE LA DOULEUR QUE VOUS PLEUREZ PARFOIS, MAIS DE JOIE».

Mme Silvia Márquez de García est née à Rio Bravo, Tamaulipas, le 12 août 1959. Elle est banquière exécutive et membre active de l'organisation internationale FGBMFI/FIHNEC MEXICO, A. C.

Elle est actuellement coordinatrice nationale des dames et conférencière internationale. Elle présente divers sujets sur le leadership dans des séminaires de la même organisation ainsi que dans des conférences, dont l'objectif est de restaurer les valeurs en motivant et en encourageant le développement intégral dans la société. Participations dans des entreprises, des hôpitaux, des universités et des entités gouvernementales au Mexique. Elle a été l'invitée spéciale de la présidence de la République en 2012. Participations à l'étranger dans des pays comme USA, Amérique Latine, Europe, Asie, Afrique et Océanie.

AUTEUR DE LIVRES en espagnol, anglais et maintenant en français.

Printed in the United States
by Baker & Taylor Publisher Services